# LES
# SIEGES
## ET CAMPAGNES

### DE M. LE MARECHAL

# DE SAXE,

### DANS LES PAYS-BAS,

*Avec les Plans des Places en Taille-douce.*

# LES SIEGES

## ET CAMPAGNES

### DE M. LE MARECHAL

# DE SAXE,

## DANS LES PAYS-BAS.

*Avec les Plans en Taille-douce.*

A AMSTERDAM;

Chez BONNAVENTURF BOOK.

M. DCC. LI.

DUC DE CURLANDE ET DE SEMIGALLE ANNE MARCHAL
MAURICE COMTE DE SAXE
Le Bâton dont Louis honore mon courage,
N'est point un vain appui pour reposer mon bras.
J'en veux faire un plus digne usage,
En chassant l'ennemi bien loin de ses Etats.
Peint par Rigaud
Petit rue S. Jacques pres les Mathu

# A

# MONSEIGNEUR

# LE CHEVALIER

# DE SAXE.

**M**ONSEIGNEUR,

*Quand la reconnoiſſance ne m'en-*
*gageroit pas à Vous dédier ce petit*
*Ouvrage, comme à mon plus illuſtre*
*Protecteur, votre goût décidé pour*
*tout ce qui a rapport à l'Art Militai-*
*re, le rang que Vous tenez dans nos*
*Troupes, votre capacité & vos ſervi-*

* 3

*ces*

# EPITRE.

ces suffiroient, MONSEIGNEUR, pour m'autorifer à Vous confacrer ce que j'ai obfervé d'une Campagne, la plus féconde en grands événemens qu'on ait jamais vue.

Les Héros du dernier Siécle, & ceux du commencement de celui-ci, ont à-peine exécuté en douze années de guerre, ce que nous avons vu faire en cette Campagne. Un feul Siége leur coutoit une Armée & une Campagne. Les miracles que nous avons vus, étoient réfervés au Héros Saxon avec qui, MONSEIGNEUR, Vous partagez la gloire d'avoir hérité des qualités héroïques d'un des plus grands Rois de l'Europe.

Daignez, MONSEIGNEUR, agréer ce foible effai comme une marque du profond refpect avec lequel je fuis,

MONSEIGNEUR,

Votre très-humble & très obéiffant Serviteur.
FAESCH.

AVANT-

# AVANT-PROPOS.

LA Campagne de 1746. a été féconde en Siéges. On en a donné des Journaux fans presqu'aucun Plan exact; c'eft ce qui m'engage à en publier un Journal dont je garantis l'exactitude, auffi-bien que celle des Plans, que j'y joins tous, excepté celui de *St. Guilain*.

J'en impoferois au Public, fi je difois avoir affifté à tous ces Siéges, n'étant arrivé à l'Armée *Françoife* que le lendemain de la Capitulation de la Citadelle d'*Anvers*. Je n'ai pas vu non plus celui de *Charleroi*, parce qu'il fe fit dans un tems où les deux Armées étoient en préfence, & que voulant me trouver à la bataille, au cas qu'il y en eût, je préférai de refter à l'Armée d'obfervation.

Cela n'empêche pas que les Plans que je donne de ces Siéges



où

# AVANT-PROPOS.

où je n'ai point assisté, ne soient très-exacts ; car je les tiens de gens du métier qui ont été présens ; j'ai même fait un recueil de plusieurs ; je les ai confrontés & rédigés.

S'il se trouve dans quelques-uns que le nombre des Troupes de Tranchée ne soit pas marqué, c'est qu'il m'a semblé qu'il valoit mieux omettre une circonstance assez peu importante de soi, que de grossir l'Ouvrage d'un détail que je n'ai pu avoir au juste.

Le Lecteur n'y trouvera pas un champ si beau ni si vaste pour contenter sa curiosité, qu'il rencontre dans le fameux Siége de *Bergen-op-Zoom* ; mais du moins il sera bien aise d'en avoir de différente espéce, qui ne laissent pas d'être utiles dans leur tems, particuliérement les deux de *Namur*, qui font assez voir comment

ment on peut profiter du terrain & du foible d'une Forteresse.

Tous ces Siéges n'ont pas été de longue durée, mais aussi ne les a-t-on pas bien soutenus ; & peut-être n'a-t-on pas jugé à propos de le faire ; car aucune de ces Villes n'a fait une résistance vigoureuse, quoiqu'on n'y ait manqué ni de vivres ni de munitions.

On me dira que l'Attaque d'aujourd'hui surpasse de beaucoup la Défense Il n'y a rien de plus vrai ; mais la raison en est, qu'on a négligé de régler la Défense sur l'Attaque , qui est pourtant la mére qui l'a fait naître ; car sans Attaque il n'y auroit point de Défense. Si on eût voulu s'apliquer férieusement à la recherche d'une bonne Défense, on auroit trouvé ce qu'elle peut faire contre l'Attaque.

* 5

D'au-

D'autres m'objecteront que les Fortifications du tems paſſé ſont trop foibles pour réſiſter à l'Attaque d'à-préſent, parce que l'Ennemi embraſſe un terrain plus étendu que le Front attaqué , & que le grand nombre d'Artillerie qu'on y emploie eſt toujours ſupérieur à celle des Aſſiégés.

Ces raiſons paroiſſent aſſez bien fondées, ſurtout par rapport aux mauvais Syſtêmes que quelques-uns ont ſuivi dans la conſtruction de leurs Ouvrages , les ayant trop expoſés à la Campagne, & c'eſt une faute commune preſqu'à toutes les Fortereſſes. Mais ſi on examine la choſe un peu attentivement, on verra qu'il n'auroit pas été difficile de perfectionner les règles de leur Fortification , & de remédier aux défauts des Ouvrages.

Si on avoit eu cette précau-
tion,

# AVANT-PROPOS.

tion, l'Ennemi n'auroit jamais pu employer son Artillerie avec tant d'avantage & d'effet qu'il l'a fait depuis quelque tems , n'ayant découvert les Ouvrages intérieurs qu'après avoir emporté les extérieurs ; & il n'auroit pu former par conséquent ( s'il y avoit eu des faussebrayes autour des Faces) un plus grand front que les Ouvrages opposés. A l'égard des flancs , le feu des Assiégés surpassera de beaucoup celui des Assiégeans.

Au-reste , qu'on suppose les Ouvrages aussi mal réglés qu'on voudra , on pourra toujours les mieux défendre qu'on n'a fait. Car ce ne sont pas les remparts & les fossés seuls qui défendent la Ville, ce sont les hommes qui sont derriére ; & plus ils auront de bravoure & d'activité , mieux ils la défendront. La défense des *Turcs*

à

# AVANT-PROPOS.

à la Palanque de *Témeswar* en 1716, nous en fournit une preuve assez remarquable.

Pour ce qui est du nombre d'Artillerie, son effet a été déjà connu dans le Siécle passé, les Alliés ayant employé pour les Siéges de *Namur* en 1695 plus de deux cens bouches à feu. Il n'y a eu aucun Siége dans la derniére Guerre où l'on en ait eu autant.

C'est un axiôme très-connu dans le monde, & fondé sur l'expérience de plusieurs siécles, que pour bien défendre une Place, il faut un Commandant entendu & vigilant, une bonne & nombreuse Garnison, & une quantité de Munitions de guerre & de bouche à proportion. Si l'une de ces trois parties vient à manquer, la Place sera toujours mal défendue, fût-elle la mieux fortifiée du monde.

Preuve

# AVANT-PROPOS.

Preuve que les Fortifications peuvent faire réfiſtance à l'Attaque d'aujourd'hui, pourvu qu'on les défende bien, on n'a qu'à voir le Journal de *Turin* 1706. Les *François* avoient alors à peu près la même maniére d'attaque qu'ils ont eue dans cette Guerre : outre l'effet de l'Artillerie, les Paralléles, les Ricochets & les Mines leur étoient auſſi peu inconnus qu'à-préſent.

Pour n'aller pas ſi loin, le Siége de *Bergen-op-Zoom* nous en fournit un exemple aſſez remarquable. J'avoue qu'on ne peut pas trop bien comparer le Siége de cette Ville avec celui d'une autre, & qu'on ne comprend guéres comment on a pu prendre une Place ſi bien fortifiée qui n'étoit point inveſtie, & dont la Garniſon jointe aux Troupes campées derriére les Lignes, étoit auſſi

nom-

# AVANT-PROPOS.

nombreufe que l'Armée des Affiégeans; fans compter que cette Garnifon a eu l'avantage fur celle de
*Turin*, de recevoir tous les jours
des vivres & des munitions de
guerre en abondance, ce qui a manqué fur la fin de l'autre Siége ; mais
la bonne défenfe qu'on a faite
fur le Chemin-couvert , & dans
les deux Lunettes de *Bergen-op-
Zoom* , mérite attention ; & fi le
commencement & la fin avoient
bien répondu au milieu du Siége,
les *François* n'auroient peut-être
jamais pris cette Ville, au-moins
pas de cette Campagne , malgré
la rufe & la fupériorité de génie
de leur Général.

Si l'on confidére bien les cir-
conftances & les fuites de tout le
Siége, on trouvera que deux rai-
fons ont accéléré la prife de cette Place.

Premiérement, on a négligé
au

# AVANT-PROPOS.

au commencement, & même pendant tout le Siége , de faire de fréquentes forties , & en force. Ils avoient affez de Troupes pour le faire, & leur Garnifon pouvoit être rafraîchie tous les jours auffi facilement que la Tranchée des Affiégeans.

Que leur fervoit-il d'avoir tant de Troupes, s'ils ne les employoient plus utilement à la confervation d'une Place fi importante & qui les intéreffoit tant ? Ils fentoient bien que la fituation de l'Ennemi ne leur permettoit pas de faire lever le Siége par une bataille, fans courir grand risque de la perdre. Pourquoi donc ne pas employer de fi grandes forces d'une autre maniére ? Le meilleur parti qu'il y avoit à prendre pour éloigner l'Ennemi des Paliffades , étoit de faire des forties confécutives , qui l'auroient

roient extrêmement fatigué, &
qui auroient donné l'allarme par-
tout. Qu'on les eût même ten-
tées inutilement trois jours de
suite, elles pouvoient réussir le
quatriéme ; & en ce cas on cul-
butoit les Ennemis de leur tranchée, on combloit une partie de
leurs travaux, ce qui les auroit
mis pour quelques jours en arriére, & auroit affoibli & intimidé
peu à peu leur Soldat, qui par le
bon succès de son travail deve-
noit tous les jours plus auda-
cieux. Par le grand secours qui
étoit toujours à portée, on n'a-
voit non plus rien à craindre des
surprises dans la retraite, comme
ccla arrive quelquefois, quand les
sorties sont repoussées.

Ce seroit mal raisonner, que
de faire une règle générale de
cette observation particuliére ;
car ce seroit une très-grande im-
pruden-

# AVANT-PROPOS.

prudence à un Commandant de faire la même manœuvre avec sa Garnison, étant enfermé de tous côtés, & n'ayant point de fecours à efpérer : mais c'eft ici un cas tout particulier, qui n'a rien de commun avec les autres Siéges. L'habileté confifte à favoir toujours prendre des mefures convenables au tems & au lieu.

Secondement. Après avoir fait une très-belle défenfe fur le Chemin-couvert, & difputé le terrain pied à pied par mille chicanes, on fe figuroit que nous ne pourrions jamais donner l'affaut au corps de la Place, nonobftant les quatre brêches qu'on y avoit faites, fans être abfolument maîtres de la Demilune. Ils fe prévinrent tellement de cette idée, qu'ils négligérent de garnir les flancs bas des Baftions

* *

atta-

attaqués pour défendre le paffage du Foffé, & de prendre d'autres précautions néceffaires contre un affaut général.

Une marque affez claire qu'on
ne s'attendoit pas encore à cet
événement, eft, qu'en entrant
on ne trouva fur les remparts,
hormis les Gardes ordinaires des
Baftions, aucune autre difpofition
qui prouvât l'attente d'un affaut,
fi ce n'eft peut-être deux mauvaifes
coupures déjà ruinées par les
bombes des Affiégeans; car comment donner autrement dans le
panneau, & négliger, durant
que les brêches fe pratiquoient,
de faire les difpofitions néceffaires pour les bien défendre?

On favoit trop bien que cette
poignée de monde ne réfifteroit
pas longtems à l'impétuofité des
Affaillans, s'il n'y avoit quelques Bataillons en réferve derrié-

re

# AVANT-PROPOS.

re les Baſtions pour la ſoutenir avec force, & ſi ces Bataillons mêmes n'étoient protégés par tout le Corps qui étoit à portée; car en le faiſant ils ne risquoient rien, étant trop bien couverts par les Lignes & les Forts pour avoir à craindre les *François* de ce côté-là ; & ceux-ci étoient trop engagés dans une affaire dont l'iſſue paroiſſoit fort critique, pour tenter encore une autre entrepriſe.

Si on eût pris tous ces arrangemens, les Aſſiégeans n'auroient pas eu l'accès ſi facile ; car dans un Profil revêtu on ne peut pas marcher en plus grand front que l'ouverture de la brêche, ſans compter que celles de *Bergen-op-Zoom* n'étoient pas des plus pratiquables, à cauſe de la bonne ordonnance du revêtement D'ailleurs, en grimpant une brêche il eſt impoſſible de ſerrer ſi bien les

** 2

rangs,

rangs, qu'on ne foit obligé de faire un peu halte fur la crête, & de fe rallier pour pouvoir entrer en force, & faire tête à ceux qui la défendent, dont le feu, outre l'avantage qu'ils ont de tirer les premiers, fera toujours au commencement fupérieur à celui des Affaillans, par la bonne fituation de leur pofte. De plus, pendant que la tête de la Colonne qui donne l'affaut fera arrêtée de front par la réfiftance de la Garnifon, le refte aura à effuyer le feu des flancs du Baftion collatéral & d'une partie de la Courtine, qui les prendra d'enfilade. Leur Artillerie n'ofera guéres tirer dans ce tems-là, de crainte d'écrafer leurs propres gens.

Si à l'affaut en queftion on eût mis homme contre homme, comme cela fe pouvoit facilement, le carnage auroit été infiniment plus

# AVANT-PROPOS.

plus grand, & le succès de cette entreprise plus douteux, malgré la bravoure & la bonne disposition des Assiégeans ; supposé même qu'ils fussent venus à bout de se rendre maîtres de la brêche, & d'emporter les Bastions par la valeur de leurs Troupes, ce qui n'auroit pu se faire sans une grande perte, & sans que l'assaut n'eût été repoussé par une bonne défense, la Ville n'étoit pas perdue pour cela ; car les Assaillans étant obligés de s'établir dans les Bastions, où ils auroient été trop serrés & coupés d'un prompt secours par les brêches, pour résister avec une force égale à l'attaque des Assiégés, ils risquoient à chaque moment d'en être dépossédés.

On a généralement rejetté sur Mr. *de Croonstrohm* tous les malheurs de la journée, mais on lui

* * 3

fait

fait tort ; car fans compter qu'il étoit fort âgé, & que fes forces ne répondoient plus à fon ambition & à fa capacité, fon devoir & fon honneur ne lui permettoient pas de refufer ce pofte ; & je crois qu'en pareil cas chaque Officier qui aime la gloire, penfera de-même. Il fe vit donc expofé au fort des Actions humaines, defquelles on juge par l'événement, & non fur leur mérite, & felon les règles de l'équité.

La grande capacité qu'il a montrée pendant tout le Siége, donne affez à connoître qu'on n'avoit pas fait un mauvais choix dans fa perfonne ; mais comme il étoit dans cet âge où la Nature nous refufe ordinairement les dons qu'elle nous a prodigués dans notre jeuneffe, & qu'elle ne nous permet plus d'exécuter nos entreprifes avec la même vigueur

que

# AVANT-PROPOS.

que nous nous étions propofée,
il ne lui fut pas poffible d'être
préfent à tout , ni de faire ex-
actement les fonctions de Commandant, particuliérement dans
une Place dont il n'avoit peut-
être pas affez de connoiffance,
n'étant entré pour y commander
qu'après le Siége commencé. Sa
fanté chancellante ne lui permettoit pas de voir tout de fes yeux,
il étoit fouvent obligé de s'en
rapporter au témoignage des autres. Mais ce témoignage , quelque fidéle qu'il foit , ne fuffit pas
toujours pour faire de bonnes
difpofitions ; ainfi je ne vois point
pourquoi on veut faire rejaillir la
perte de cette Ville fur ce grand
Général, dont le mérite lui a fait
confier ce pofte , & qui ne s'eft jamais démenti durant le Siége.
S'il avoit eu vingt ans de moins ,
& autant d'activité & de vigilance
dans

# AVANT-PROPOS.

dans l'exécution que d'expérience & de conduite dans la difpofition, je doute fort que le mal-
heur fût arrivé.

Après cette digreffion, qui eft
devenue plus longue que je n'a-
vois compté de la faire, je reviens
à mon premier propos, pour prier
le Lecteur de me pardonner fi j'ai
entrepris d'écrire dans une Langue qui ne m'eft point familiére.
Je n'ai pas eu deffein de briller
du côté du ftile, mais feulement
de donner un Ouvrage dont on
pût tirer du profit.

# JOURNAL

## DU SIEGE

## DE

## BRUXELLES.

L'*An* 1746. *Janvier.*

LA Campagne de **1745.** finie, & les Armées rentrées en Quartier d'Hiver, Mr. le Maréchal *de Saxe* forma le deſſein d'aſſiéger *Bruxelles* dans une ſaiſon ordinairement fort peu propre pour ces ſortes d'entrepriſes. Dans cette vue il avoit diſtribué les Cantonne-mens des Troupes deſtinées pour ce Siége, de maniére qu'elles pou-

A        voient

voient fe raffembler en 24. heures au voifinage de cette Place.

Le 28. Les Troupes ayant eu ordre, partirent de leurs Quartiers pour fe porter fur la Riviére de *Senne*, & fur le grand Canal de *Vilvorden* au-deffus & au-deffous de *Bruxelles*. Elles cantonnérent ce jour-là dans les Villes & Villages voifins de la *Dendre*, & marchérent le 29. pour occuper les poftes qui leur avoient été marqués.

Le 30. La Place fut entiérement inveftie. L'Artillerie & tout ce qui étoit néceffaire pour le Siége étant arrivé, la Tranchée fut ouverte vis-à-vis de l'Ouvrage à cornes de la Porte de *Scarebeeck*, la nuit.

## I. NUIT.

### Du 7. au 8. *Février*.

Par 1600. Travailleurs, qui firent une Paralléle de 600. toifes, à environ 160. toifes de la Place, & 500. toifes de communication.

Elle fut montée par

Mr.

Mr. le Comte *de Logny-Montmo-*
*rency*, Maréchal de Camp.

1^er. & 3^me. *Bataill.* de *Piémont* 2
     *Limousin* 3
     *Eu* 2
1^er    *Bettens* 1 } 10.
     *Languedoc* 1
     *Trainel.* 1

10. Compagnies de Gre-
nadiers, & 400. Dragons
auxiliaires.

Toutes ces Troupes entrérent dans
la Tranchée à minuit : le mauvais
tems ayant obligé tous les Travailleurs à se retirer du travail à l'heure marquée ci-dessus, fut cause que la
Paralléle resta imparfaite.

Les Bataillons qui étoient entrés
dans la Tranchée, perfectionnérent
la Paralléle pendant la matinée.

*Etat des Tués & Blessés.*

tué.      blessés.
0       2. Soldats.

## 2. NUIT.

*Tranchée du 8. au 9. Février.*

Mr. le Marquis *de Beaufremont,*
Maréchal de Camp.

| | | | |
|---|---|---|---|
| 2me. & 4me. | *Bataill. de Piemont* | 2 | |
| | *Royal Vaisseaux* | 3 | |
| 1er. | *la Couronne* | 1 | } 8 |
| 1er. | *Monnin* | 1 | |
| 1er. | *Wittmer* | 1 | |

400. Dragons auxiliaires.

600. Travailleurs débouchérent de la Paralléle sur la droite de la Chauſſée par un boyau de communication de 50. toiſes en avant sur la Place, & firent une Paralléle en ſappe volante de 230. toiſes de longueur à 60. toiſes du Chemin-couvert. On fit encore une communication de 60. toiſes à la droite de la 1re. Paralléle.

Quoique les Aſſiégés fiſſent un feu de mouſquetterie aſſez vif, ils ne nous tuérent pas beaucoup de monde.

*Etat*

*Etat des Tués & Blessés.*

tués.                    blessés.

3.              10. Soldats.

## 3. N U I T.

*Tranchée du 9. au 10. Février.*

Mr. le Comte *de la Suze*, Maréchal de Camp.

| | | | |
|---|---|---|---|
| 1er.& 3me. Bataill. | de *Normandie* | 2 | |
| 2me. & 3me. | de *la Couronne* | 2 | |
| | *la Marine* | 1 | 3 |
| 2me. | de *Bettens* | 1 | |
| 2me. | *Wittmer* | 1 | |
| 1er. | *Diesbach* | 1 | |

400. Dragons auxiliaires.

800. Travailleurs, & une Brigade de
Sappeurs firent fur la gauche la prolongation de la Paralléle, commencée
la nuit derniére de 160. toifes.

Au centre devant cette Paralléle
on fit les emplacemens & communications de deux Batteries, l'une *A.*

de 6. Piéces, ayant pour objet la Demilune, & l'autre *B* de 4. Mortiers. Sur la droite on établit une Batterie C. de 2 Mortiers, qui tira ce matin à 10. heures.

### *Etat des Tués & Blessés.*

| tués. | blessés. |
|---|---|
| 10. | 31. Soldats. |

## 4. N U I T.

*Tranchée du 10. au 11. Février.*

Mr. le Comte *de Logny - Montmorency*, Maréchal de Camp.

| 2me. & 4me. Bataill. de *Normandie* | 2 | |
|---|---|---|
| 3me. | *Bettens* | 1 |
| 2me. | *Monnin* | 1 |
| 3me. | *Wittmer* | 1 |
| 2me. | *Diesbach* | 1 |
| | *Chartres* | 2 |

8

200. Dragons auxiliaires.

800 Travailleurs poussérent la communication de la 1re. Paralléle à la 2me. sur la gauche, & 4. Zigue-zagues

gues en avant fur le faillant de la Demilune, dont ils n'étoient qu'à environ 15. toifes. A la droite 3. Zigue-zagues en avant fur le faillant du Chemin-couvert, dont l'extrémité ne fut diftante que de 18. à 20. toifes.

*Etat des Tués & Bleffés.*

| tués | bleffés. |
|------|----------|
| 34.  | 67. Soldats. |

## 5. N U I T.

*Tranchée du 11. au 12. Février.*

Mr. le Marquis *de Beaufremont*, Maréchal de Camp.

| | | |
|---|---|---|
| 1er. & 2me. Bataillon du Roi | 2 | |
| | de *Dauphin* 3 | |
| | *Angoumois* 1 | 8 |
| 3me. | *Monnin* 1 | |
| 3me. | *Diesbach* 1 | |

200. Dragons auxiliaires.

800. Travailleurs de nuit longèrent

rent un boyau de 90. toises sur le Glacis, pour former une 3me. Paralléle qui communiquât de la sappe droite à celle du centre. La derniére branche de Zigue-zague pour joindre cette Paralléle sur la gauche, fut attaquée deux fois pendant la nuit par les Assiégés, qui tuérent 3. Sappeurs & 50 Travailleurs, ce qui empêcha de continuer l'ouvrage, qui se fit à sappe pleine de jour. On avança deux Zigue zagues à la droite dirigés sur le saillant du Chemin-couvert, les 4. Sappeurs & le Sergeant d'ordonnance avec environ 40. Travailleurs y furent tués. L'ouvrage fut retardé par conséquent mais on le continua pendant le jour ainsi que celui du centre à sappe pleine, malgré la grande quantité de grenades que les Assiégés jettoient, & qui tuoient & blessoient continuellement du monde. On travailla dans la journée à l'établissement de trois Cavaliers de tranchée, pour déloger l'Ennemi du Chemin-couvert.

Les

Les Batteries *A.* & *B.* commencérent à tirer à la pointe du jour.

*Etat des Tués & Blessés.*

| tués. | blessés. |
|-------|----------|
| 120. | 170. |

## 6. N U I T.

*Tranchée du 12. au 13. Février.*

Mr. le Comte *de la Suze*, Maréchal de Camp.

| | | |
|---|---|---|
| 1er. & 3me. Bataill. de *Piémont* | 2 | |
| *Eu* | 2 | |
| *la Marine* | 1 | 8 |
| *Languedoc* | 1 | |
| 1er. *Bettens* | 1 | |
| 1er. *Diesbach* | 1 | |

200. Dragons auxiliaires.

400. Travailleurs firent la jonction
de la Paralléle au pié du Glacis de la
droite à la gauche, & établirent quatre Cavaliers de tranchée, dont trois
avoient été commencés la nuit précédente, savoir deux au centre &

un à chaque extrémité de la droite & de la gauche, d'où nos Grenadiers obligérent l'Ennemi à abandonner le Chemin-couvert.

*Etat des Tués & Blessés.*

| tués. | blessés. |
|---|---|
| 2. Bombardiers par nos bombes. | — |
| 4. Sappeurs. | 15. Soldats. |

## 7. NUIT.

*Tranchée du 13. au 14. Février.*

Mr. le Comte *de Logny-Montmorency*, Maréchal de Camp.

2me. & 4me. Bataill. de *Piémont* 2  
3me. & 4me.        du *Roi* 2  
1er.       de *Monnin* 1  
1er.       *Wittmer* 1  
2me.       *Diesbach* 1  
1er.       *Chartres* 1    } 8

200. Dragons auxiliaires.

400. Travailleurs de nuit firent le

cou-

couronnement du Chemin-couvert des deux côtés du faillant de la Demilune fur la longueur de 40. toifes de chaque côté avec 4. traverfes tournantes de droite & de gauche. On pouffa deux Zigue-zagues pour gagner le faillant du Chemin couvert devant le Demi-Baftion de l'Ouvrage à cornes de notre droite, qui fut auffi couronné : on continua le travail de jour à fappe pleine, & on travailla dans la journée à joindre l'extrémité de la droite du couronnement du Chemin-couvert au couronnement de celui de la Demilune. Nous fûmes abfolument maîtres de tout le Chemin-couvert du Front, mais l'Ennemi tint encore quelques troupes dans fes branches droite & gauche.

*Etat des Tués & Bleffés.*

| tués. | bleffés. |
|---|---|
| | 1. Ingénieur. |
| | 1. Officier. |
| 23. | 47. Soldats. |

8.

## 8. N U I T.

*Tranchée du* 14. *au* 15. *Février.*

Mr. le Marquis *de Beaufremont*, Maréchal de Camp.

1 er. & 3 me. Bataill. de *Normandie* 2
                           *Dauphin* 3
                           *Trainel* 1    } 8
2 me.                      *Bettens* 1
2 me.                      *Wittmer* 1
200. Dragons auxiliaires.

400. Travailleurs firent la jonction du Logement du Chemin-couvert de la droite au centre; de-même la jonction de l'extrémité du Logement de la Place-d'armes gauche au Cavalier de tranchée de cette même gauche, & le Logement dans la Place-d'armes faillante devant la Demi-lune.

*Etat des Tués & Bleffés.*

tués.                              bleffés.
1. Officier.
        1.                         35. Soldats.
                                        9.

## 9. NUIT.

*Tranchée du 15. au 16. Février.*

Mr. le Comte *de la Suze* , Maréchal de Camp.

1er. & 4me. Bataill. de *Normandie* 2
*Limoufin* 3
2me. *Monnin* 1  } 8
3me. *Wittmer* 1
*Angoumois* 1

200. Dragons auxiliaires.

400. Travailleurs de nuit élargirent la communication de la 3me. Paralléle à l'angle faillant du Chemin-couvert de la Corne gauche : ils couronnérent le Chemin - couvert dans cette partie , & firent à la droite une defcente dans le Chemin-couvert avec une fappe fur l'arrondiffement de la Contrefcarpe de la Corne droite à la Ligne.

On établit dans la nuit quatre Batteries , nommément *D. E.* & à 5. Piéces chacune, fur les branches

droite

droite & gauche du faillant de la Demilune pour battre en brêche les deux Demi Baftions *F.* de 6. Piéces dans la 2me. Paralléle dirigée fur la prolongation de la branche droite de l'Ouvrage à cornes, qui découvre le Corps de la Place, & y faire brêche; & *G.* de 4. Piéces fur la Place-d'armes rentrante pour battre l'épaule du Demi-Baftion droit de la Corne & partie de la Courtine. On ébaucha auffi pendant la journée dans la 3me. Paralléle à droite & à gauche deux Batteries *H. I.* de 6. Mortiers chacune, pour incommoder tant qu'il feroit poffible les Affiégés dans l'Ouvrage à cornes.

*Etat des Tués & Bleffés.*

tués.                              bleffés.

2.                              34. Soldats.

## 10. N U I T.

*Tranchée du 16. au 17. Février.*

Mr. d'*Herouville*, Maréchal de Camp.

1er.

1er. & 2me. Bataill. du *Roi*
       de *Royal-Vaiſſeaux*  2 ⎫
3me.     *Bettens*  3 ⎬ 8
3me.     *Monnin*  1 ⎪
1er.     *Diesbach*  1 ⎭
200. Dragons auxiliaires.

400. Travailleurs perfectionnérent les Logemens & les Deſcentes dans le Foſſé de la Demilune. Les 4. Batteries en brêche n'ont commencé à tirer que ce matin, n'ayant pu être achevées avec la diligence que l'on eſpéroit. On a travaillé à l'établiſſement de deux Batteries à bombes ébauchées d'hier pour tirer le 18.

### *Etat des Tués & Bleſſés.*

tués.             bleſſés.
13.              22.

## 11. NUIT.

*Tranchée du 17. au 18. Février.*

Mr. *de Guercby*, Maréchal de Camp.

1er.

1er. & 3me. Bataill. de *Piémont*  2 ⎫
                        *la Couronne*  3 ⎬
1er.                 *Bettens*  1 ⎬ 8
                      *Languedoc*  1 ⎬
2me.               *Chartres*  1 ⎭

200. Dragons auxiliaires.

600. Travailleurs achevérent les Boyaux de communication commencés de la descente dans le Fossé de la Demilune, & firent un Nid de Pie sur le saillant de la susdite Demilune.

*Etat des Tués & Blessés.*

tués.                  blessés.
14.                   28.

## 12. N U I T.

*Tranchée du 18. au 19. Février.*

Mr. le Duc *de Chevreuse*, Maréchal de Camp.

2me.

2me. & 4me. Bataillon de *Piémont* 2 ⎫
3me. & 4me.       du *Roi*     2 ⎪
   1er.       de *Monnin*   1 ⎪
   1er.         *Wittmer*   1 ⎬ 8
   1er.         *Diesbach*   1 ⎪
   1er.         *Chartres*   1 ⎭

200. Dragons auxiliaires.

200. Travailleurs de nuit pratiquérent deux nouvelles communications de la 3me. Paralléle aux débouchés de la descente du Fossé, élargirent & adoucirent les rampes de cette descente.

*Etat des Tués & Blessés.*

tués.                   blessés.

0.                      5. Officiers.
5.                     30. Soldats.

## 13. NUIT.

*Tranchée du 19. au 20. Février.*

Mr. *de Remicourt,* Maréchal de Camp.

1er. & 3me. Bataill. de *Normandie* 2⎫
Dauphin 3⎪
Trainel. 1⎬8
Angoumois 1⎪
2me. *Wittmer* 1⎭
200 Dragons auxiliaires.

Les brèches faites, Mr. le Maréchal *de Saxe* ordonna de tâter l'Ouvrage à cornes par dix Grenadiers & un Sergeant, à qui il fit donner ordre de monter à chaque Brêche, & de rester paisiblement en haut, si l'Ennemi ne faisoit aucun effort pour les en chasser. Mr. *de Brezé*, Lieutenant-Général, s'y rendit, & ordonna cette opération sur les 4. heures après-midi. Les dix Grenadiers montérent à chaque Brêche des Demi-Bastions droit & gauche de l'Ouvrage à cornes, suivis des Travailleurs qui s'établirent sur la crête des Brêches. Les Assiégés s'en étant apperçus, vinrent pour les chasser; mais au-lieu de se retirer comme il leur étoit ordonné, ils sautérent dans le Demi-Bastion, & criérent *Vive le Roi*.

Les Compagnies de Grenadiers
qui

qui étoient dans le Fossé, montérent avec rapidité sur les Bréches, en-trérent dans le Demi- astion, & chargérent l'Ennemi jusques dans le Che-min couvert de la Place.

Les Travailleurs suivirent de près les quatre Compagnies de Grenadiers qui avoient monté de chaque côté, & commencérent à établir des Lo-gemens; mais l'Ennemi, ayant re-pris cœur, revint avec force attaquer la droite, qui en repliant fut obligé de se retirer; la gauche voyant reculer la droite se retira aussi par la Brêche, & rentra dans la Tranchée. L'Ennemi, a-près avoir fait un feu effroyable de ses Remparts & de l'Ouvrage à cor-nes, fit rappeller & demanda des Ota-ges pour capituler, en arborant le Drapeau blanc sur la Brêche.

La Capitulation fut signée le mê-me jour, & la Garnison se rendit prisonniére de guerre.

*Etat des Tués & blessés.*

| tués. | blessés. |
|---|---|
| - | 8. Officiers. |
| 22. | 150. Soldats. |



*Réca-*

*Récapitulation des Tués & Bleſſés.*

|  | tués. | bleſſés. |
|---|---|---|
| Du 7. au 8. | 0. | 2. |
| 9. | 3. | 10. |
| 10. | 10. | 31. |
| 11. | 34. | 67. |
| 12. | 120. | 170. |
| 13. | 6. | 15. |
| 14. | 23. | 49. |
| 15. | 2. | 35. |
| 16. | 2. | 34. |
| 17. | 13. | 22. |
| 18. | 14. | 26. |
| 19. | 5. | 35. |
| 20. | 22. | 158. |

254 tués. 654 bleſſés.

*Etat des Bóuches à feu.*

Canons.

*A.* une Eatterie de 6 Piéces, commencée à tirer le 12.

| | | |
|---|---|---|
| D. | 5 | 17 |
| E. | 5 | |
| F. | 4 | |
| G. | 6 | |

26 Canons.

Mor-

## Mortiers.

*C.* une Batterie de 2 Mortiers, commencée à tirer le    10

| | | |
|---|---|---|
| *B.* | 4 | 12 |
| *H* | 6 | 18 |
| *I.* | 6 | – |

18 Mortiers.
26 Canons.

44 Bouches à feu.

### Etat & Poſition

Des Troupes dans l'inveſtiſſement de
Bruxelles.

### Fauxbourg de Laken

Aux ordres de Mr. *de Contades,*
Lieutenant - Général.

| | | |
|---|---|---|
| *Trainel* | 1 | Bataillon. |
| *Diesbach* | 3 | |
| *Fontenay* Artill. | 1 | |

5 Bat.

B 3                    *Saxe*

*Saxe* Volont. 6 Escad. à *Neer* & *Over-*
*Hembeek.*

*Fiennes*      4      dans les Censes
————    entre *Dieleghem*
10 Escad.    & *Laken.*

Le Quartier-Général.
Le Parc d'Artillerie.

Les Compagnies auxiliaires des Bataillons d'*Evron*, de *Montargis*, du 3me. de *Paris*, de *St. Maixens*, & de *Nantes* au Pont de *Laken.*

L'Hôpital ambulant avec un Détachement de 50 hommes à l'Abbaye de *Dieleghem.*

### *Fauxbourg de Flandre*

Aux ordres de Mr. *d'Armentiéres*, Maréchal de Camp.

| | |
|---|---|
| d'*Eu* | 2 Bataillons. |
| *la Couronne* | 3 |
| *Monnin* | 3 |

———— 
8 Bataillons.

| | | |
|---|---|---|
| *Egmont* | 4 | Escadr. à *Berkem* |
| *Rohan* | 4 | à *Aloft.* |

———— 
8 Escadrons.

*Faux-*

*Fauxbourg d'Anderlecht*

Aux ordres de Mr. *de Beaufre-*
*mont*, Maréchal de Camp.

| | | |
|---|---|---|
| *Languedoc* | 1 | Bataillon |
| *Wittmer* | 3 | |

4 Bataillons.

| | | |
|---|---|---|
| Colonel-Géner. | 4 | Efcad. à *Anderlecht*. |
| *Harcourt* | 4 | *Vlefenbeek*. |
| *Meftre de Camp*, | | |
| Dragons. | 5 | *Forft*. |
| *Asfeld* | 5 | *Halle*. |

18 Efcadrons.

*Fauxbourg de Namur, de Louvain,*
*d'Ixelles, de St. Joris en Noede,*
*& Village d'Etterbeek*

Aux ordres de Mr. de *Clermont-*
*Gallerande*, Lieutenant-Général.

| | | |
|---|---|---|
| *Limoufin* | 3 | Bataillons. |
| des *Vaiffeaux* | 3 | |
| *Chartres* | 2 | |
| *Bettens* | 3 | |
| *Angoumois* | 1 | |

12 Bataillons.

B 4                    *Beau-*

| | | | |
|---|---|---|---|
| *Beaufremont* Drag. | 5 | Efc. | à la *Cambre.* |
| *Royal* Cav. | 4 | | *Jerean.* |
| *P. Camille* | 4 | | *Uckel.* |
| *Penthievre* | 4 | | *Watermael.* |
| *Noailles* | 4 | | *St. Pieters Woluwe.* |
| *Buffet* | 4 | | *St. Lambrechts Woluwe.* |

—————

25 Efcadrons.

*Fauxbourg de Scarebeek, & d'Evre.*

Aux Ordres de Mr. *de Brezé,* Lieutenant Général, & de Mr. *de la Suze,* Maréchal de Camp.

| | | |
|---|---|---|
| *Piémont* | 4 | Bataill. |
| *Normandie* | 4 | |
| *Dauphin* | 3 | |
| *la Marine* | 1 | |

—————

12 Bataillons.

*Royal*

*Royal* Drag.          5 Escad aux Châ-
                        teaux de *Ha-*
                        *rem* & de *Die-*
                        *ghem.*

le *Roi*        Cav.   4        à *Noseghem.*
les *Cuirassiers*      4        *Saventhem.*
*Royal Cravates*       4        *Wesenbeek.*
*Royal Roussillon*     4        *Crayenhem.*
*Berry*                4        *St. Stevens-*
                            *Woluwé.*
    25  Escadrons.

Poste en avant aux ordres de Mr.
*de Logny-Montmorency*, Maréchal de
Camp.

   Les Carabiniers 10 Escad. à *Ter-*
*vuren* & environ.

   400. Fusiliers aux Portes du *Sas*
de 3. Fontaines.

   30. Dragons à pié sur la Chaussée
de *Louvain* en avant de *Noséghem.*

Troupes légéres en avant.

*Beausobre*            4 ⎫ près de *Vilvor-*
*Grassins* 2 Bat.      4 ⎬      *den.*
5 *Compagnies* auxil.    ⎭

         B 5               *Total*

*Total des Troupes devant Bruxelles.*

42 Bat. & 102 Efcad.
9              16
———————————————
51 Bat. & 118 Efcad.

NB. Il vint de plus à ce Siége le 10. le Régiment du Roi avec 5 Compagnies de Grenadiers auxiliaires.

Autres 5. Bataillons & 16. Efcadrons fe tinrent à *Genap* aux ordres de Mr. *de Relingue* Maréchal de Camp, qui occupérent *Nivelle* avec un Détachement, & communiquérent avec Mr. *de Clermont Gallerande,* qui étoit à la *Cambre,* par la Chauffée de *Namur.*

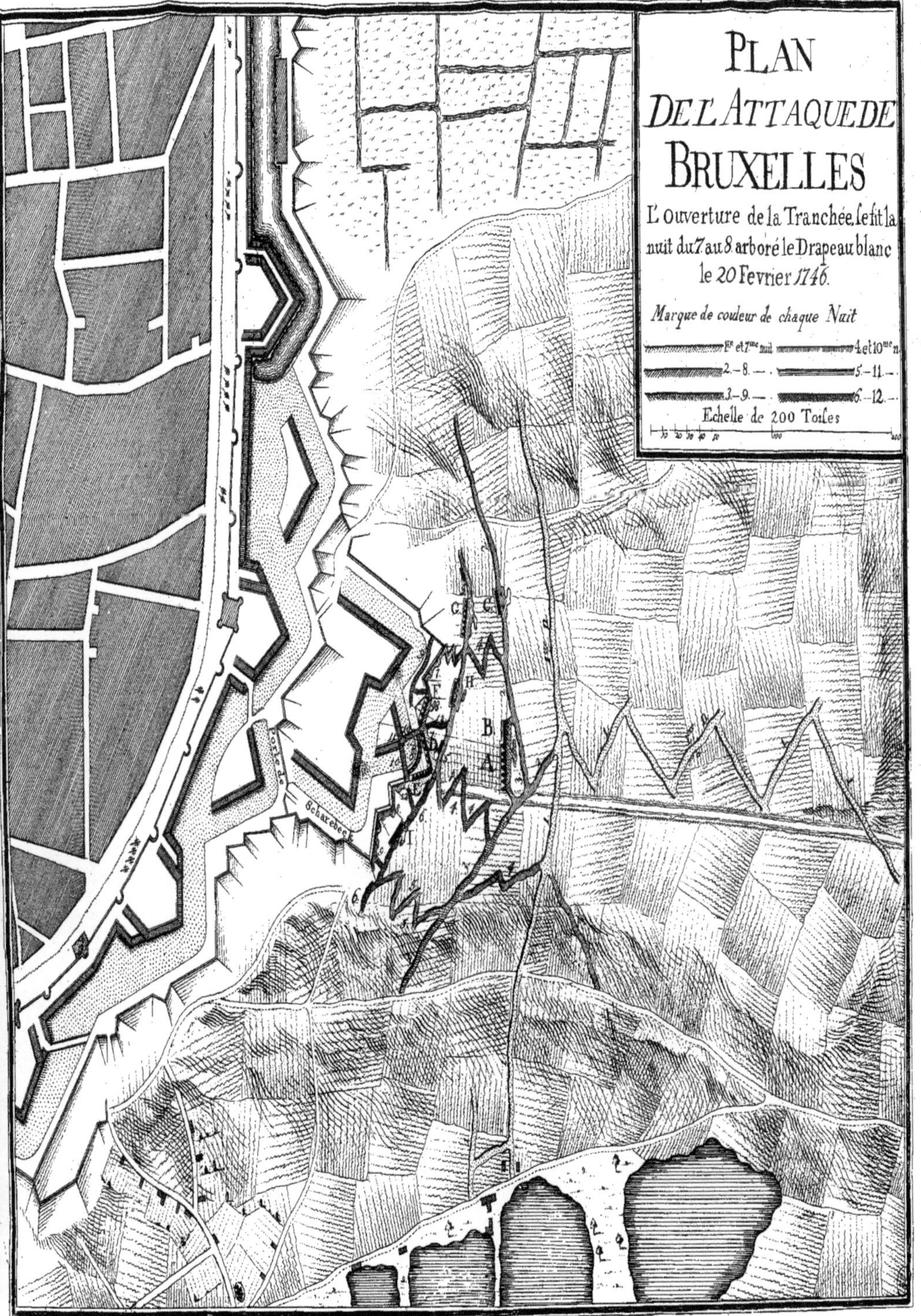

PLAN I. Pag. 26.
PLAN
DE L'ATTAQUE DE
BRUXELLES
L'Ouverture de la Tranchée, se fit la
nuit du 7 au 8 arboré le Drapeau blanc
le 20 Fevrier 1746.
Marque de couleur de chaque Nuit
1er et 7me nuit
4 et 10me n.
2 - 8
5 - 11
3 - 9
6 - 12
Echelle de 200 Toises
Scharebec

# JOURNAL
## DU SIEGE
## DE LA CITADELLE
## D'ANVERS.

*L'An* 1746. *Mai.*

LEs Alliés ayant abandonné le Baſſin & la Ville d'*Anvers*, on envoya un Détachement pour y prendre poſte, & reconnoître les environs de la Place.

Le 21. Mai on en forma la Circonvallation ſous la direction de Mr, le Prince de *Clermont*.

## I. NUIT.
### *Du 25. au 26. Mai.*

La Tranchée fut ouverte devant la Citadelle par 3600 Travailleurs fous la protection de 11. Compagnies de Grenadiers, foutenues de 3. Bataillons, aux ordres de Mr. *de Thomé*, Maréchal de Camp.

Les Travailleurs débouchérent fur les 9. heures du foir fur trois files; la 1re. appuya fon travail au pié du Glacis de la Porte de *St. Joris*; la 2me. traverfa les jardins & les brouffailles qui font en avant du Glacis de la Capitale de *Toléde* pour faire la communication; la 3me porta fon travail en avant du Village de *Kiel*, & ferma la gauche de la Paralléle par une Redoute.

Tous les Travailleurs furent placés fur le terrein avant dix heures, & enterrés à minuit. Les Affiégés tirérent quelques coups de canon & des pots à feu fur tout le front de la Paralléle.

Nous eûmes 2 hommes de tués & autant de bleffés.

## 2. NUIT.

### Du 26. au 27. Mai.

On déboucha de la Paralléle par la droite & le centre ; le Boyau de la droite marchant en 3 Zigue-zagues, alla s'appuyer au Chemin-couvert de la communication de la Ville ; le Boyau du Centre cheminant fur la gauche du Baftion de *Toléde* vers la Redoute retourna à droite pour faire une 2me. Paralléle, que l'immenfité du travail empêcha de finir cette nuit.

On travailla avec toute la diligence poffible à deux Batteries *A. B.* de 10 Mortiers chacune fur la gauche de la 1re. Paralléle, qui commencérent à tirer ce matin. En avant de la 2me. Paralléle à la droite on commença une Batterie à ricochets *C.* de 8. embrafures, & fur la gauche de cette même Paralléle on mit fur pié une autre D. de 6. Piéces, qui avoit pour objet la Face droite du Baftion de *Paçiote.*

Les

Les Ennemis tirérent des Bombes & des ots à feu, & leur Mousquetterie dura pendant toute la nuit. Ils firent hier dans la journée un grand feu, surtout après midi que le Prince *de Clermont* vint visiter les travaux

Nous eûmes dans les 24. heures 3. Soldats tués & 4. blessés.

## 3. N U I T.

### *Du 27. au 28. Mai.*

Les Ingénieurs débouchérent par trois endroits; par la droite on sortit 4 Zigue-zagues sur le Glacis de la communication de la Ville; dans le centre on se porta sur la Capitale de la Demilune, & on poussa une sappe à la gauche qui couvrit & enveloppa la Redoute. Ajoûtez à cela un Boyau pour la communication de la Batterie à ricochets.

Malgré le grand feu des Assiégés notre travail ne fut pas interrompu.

Pendant toute la journée du 27. le feu

feu de leur Artillerie fut très-vif; ils le dirigérent fur nos Batteries de Bombes, qui tiroient dès les 9. heures du matin; & fur les deux Batteries à Canon auxquelles ils voyoient travailler, leurs Bombes dérangérent une des deux premiéres Batteries, & mirent le feu à un baril de poudre, qui tua deux hommes & en bleffa quatre.

On racommoda la Batterie de bombes, & les deux autres *C* & *D.* commencérent à tirer ce matin.

On fit les emplacemens de 3. Batteries *E.* & *F.* de 4. Canons chacune au centre de la 2me. Paralléle dirigée fur la Demilune, dont l'une fut condamnée, & *G.* de 6. Mortiers à la droite en avant de 4. Zigue-zagues.

Nous eûmes dans ces 24. heures 3. Soldats tués & 20. bleffés.

## 4. N U I T.

*Du 28. au 29. Mai.*

Le travail fut pouffé par trois débouchés,

bouchés; celui de la droite longea jusqu'aux paliſſades de la Place d'armes du Chemin-couvert de la Ville; nos Travailleurs y prirent trois tentes que les Aſſiégés avoient laiſſées; au centre on avança à 6 toiſes de l'Angle ſaillant de la Demilune, & on porta la gauche à 7. ou 8. toiſes du Chemin - couvert ſur l'Angle du Baſtion de *Paçiote*. On fit encore la jonction des deux branches de la 2me. Paralléle.

Nous tirâmes beaucoup de Bombes cette nuit; elles paroiſſoient avoir démonté la Batterie des Aſſiégés qui avoit fait taire la nôtre, puisqu'elle ne tira plus.

Le feu de l'Artillerie des Aſſiégés ſe ſoutint toute la journée d'hier avec la plus grande vivacité; ils battirent ſi vivement en bréche notre Batterie à ricochets, qu'elle fut ſur la fin de la journée hors d'état de tirer, quoiqu'il n'y eût néanmoins rien d'endommagé que le Parapet On rétablit pendant la nuit cette Batterie, & on perfectionna celle de 4. Piéces *E.*

Nous

Nous eûmes 2. Officiers bleſſés, 2. Soldats tués, & 13. bleſſés.

## 5. N U I T.
### Du 29. au 30. Mai.

On fit un débouché à la droite de la 2me. Paralléle par 10 Zigue-zagues ſur la Capitale du Baſtion de *Toléde.* On prolongea celui du centre, & on longea la gauche par 6. branches de Zigue-zagues dirigées ſur le ſaillant du Chemin-couvert.

Le feu fut cette nuit auſſi fort que les précédentes; les Aſſiégés profitérent du tems que les 4. Piéces arrivoient, deſtinées pour la Batterie *E.* à redoubler leur feu, parce que durant ce tems-là nos Bombes ne tiroient point.

La nouvelle Batterie *G.* compoſée de 6. Mortiers, qu'on retira de deux autres qui furent remplacées par 2. Haubiz *H.* commença à tirer à 7. heures; & celle de 8. Piéces étant entiérement racommodée, recommença à 6. heures du matin.

Le feu prit à deux heures & demie

C

mie dans la Citadelle, ce qui les fit cesser de tirer; ce feu après s'être appaisé, recommença de bruler à 5. heures du matin.

Nous eûmes pendant les 24. heures 2. Officiers d'Artillerie blessés, & 4. Soldats tués & 12. blessés.

## 6. N U I T.
### Du 30. au 31. Mai.

Toutes nos Batteries de Bombes & de Canon tirérent hier avec tant de succès que le feu des Ennemis fut presqu'éteint, & ils n'eurent que 5 Piéces dont ils tiroient de tems en tems sur la tête de nos Sappes.

Le Chemin-couvert étant abandonné, & le Prince ayant ordonné qu'on s'y logeât, les Ingénieurs débouchérent des Sappes sur les 10. heures du soir par trois endroits; sur la droite, au centre, & à la gauche. Les Travailleurs s'établirent assez tranquillement, mais sur les 11. heures il sortit un feu si violent des deux Bastions & de la Demilune, qu'il y mit un peu de desordre, & que

que l'ouvrage projetté ne put être exécuté dans son entier. La nuit fort courte & claire, fut le principal obstacle, joint à ce que plusieurs ingénieurs chargés de la conduite de ce travail furent blessés ; le couronnement du Chemin-couvert de la Demilune fut fait en son entier; celui du Bastion de *Toléde* resta imparfait dans les deux flancs; & il y eut environ 25. toises qu'on fit dans le jour à sappe pleine. Tout le travail de la nuit ayant besoin d'être élargi & approfondi, 700 Travailleurs de jour furent employés à cette besogne, pour l'achever & la perfectionner.

A cinq heures du matin le Commandant arbora le Drapeau blanc, la Capitulation fut signée le lendemain 1. Juin. Elle portoit que la Garnison sortiroit avec les Honneurs de la Guerre, deux Piéces de canon & un Mortier, pour se rendre à l'Armée des Alliés.

Dans cette nuit il y eut 1. Capitaine & 15. Soldats tués, 4. Ingénieurs, 2. Officiers & 37. Soldats blessés.

C 2

Ré-

*Récapitulation du nombre des Tués*
*& Blessés.*

| Du 25. au 26 | 2 | 2 |
|---|---|---|
| 27 | 3 | 4 |
| 28 | 3 | 20 |
| 29 | 2 | 15 |
| 30 | 4 | 14 |
| 31 | 16 | 43 |

**30 tués.**     **98 blessés.**

*Etat des Batteries.*

Canons.

C. *de* 8 Piéces commencée à tirer le 28
D.    6                         -
E.    4                         30

**18 Canons.**

Mortiers.
A. de 10 Mortiers commencée à tirer
le 27

B.    10                       -
G.    6                        30

**26 Mortiers.**

H.

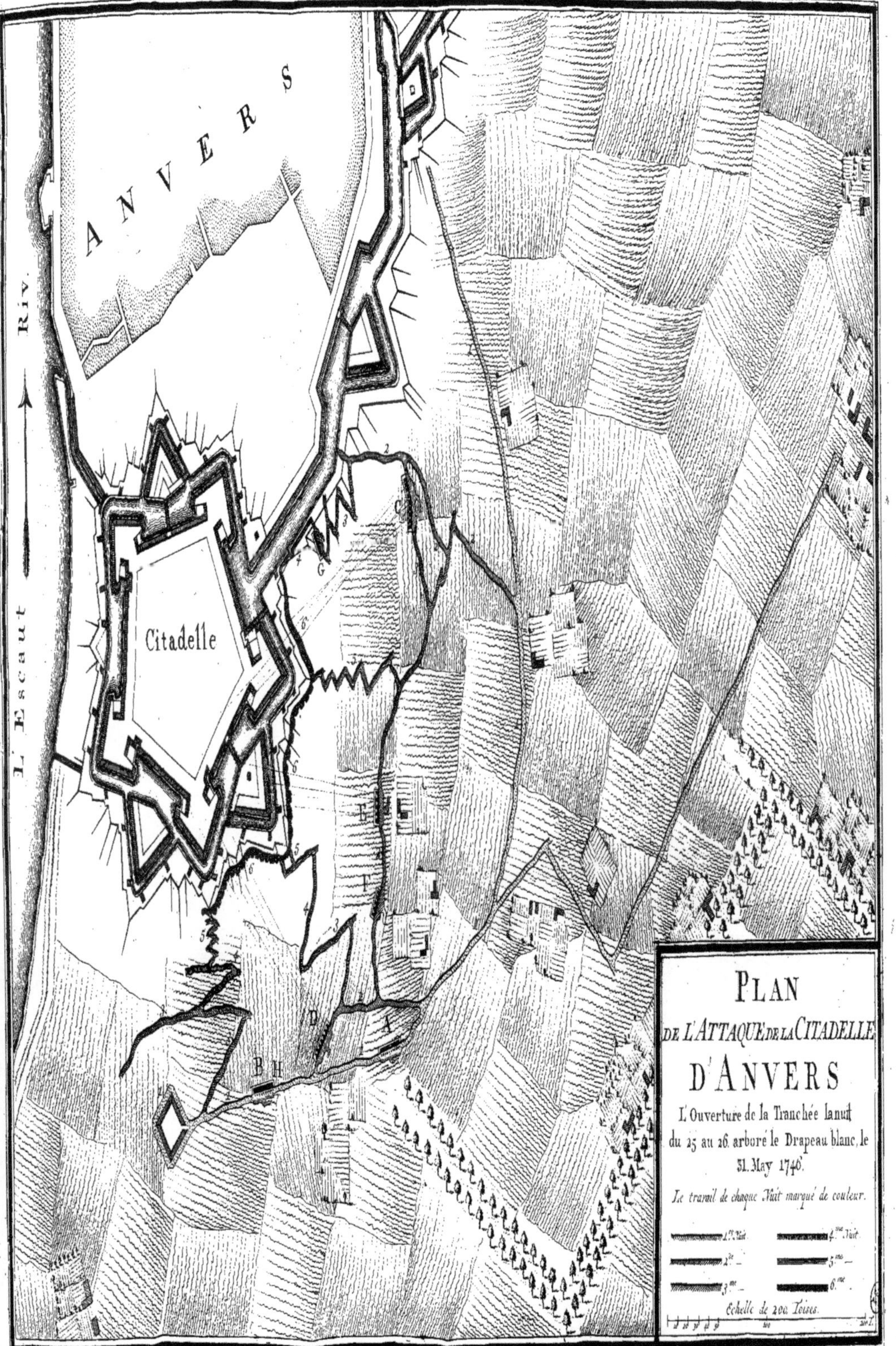

PLAN II. pag. 36.
ANVERS
Riv.
L'Escaut
Citadelle
PLAN
DE L'ATTAQUE DE LA CITADELLE
D'ANVERS
L'Ouverture de la Tranchée la nuit
du 25 au 26. arboré le Drapeau blanc, le
31. May 1746.
Le travail de chaque Nuit marqué de couleur.
1.re Nuit
2.de
3.me
4.me Nuit
5.me
6.me
Echelle de 200 Toises.

*H.* 2 Haubiz        30
 18 Canons
———
46 Bouches à feu.

C 3      JOUR-

# JOURNAL

## DU SIEGE

## DE

## MONS.

*Juin* 1746.

APrès avoir forcé les Alliés de quitter le Baſſin d'*Anvers*, & de ſe replier ſur *Breda*, Mr. le Maréchal *de Saxe* réſolut de faire le ſiége de *Mons*. Mrs. d'*Etrées* & *de Bouflers* eurent ordre d'inveſtir cette Place, & Mr. le Prince *de Conti* prit la direction du Siége.

La Tranchée fut ouverte la nuit.

## 1. NUIT.

### *Du 24. au 25. Juin.*

Par deux Attaques, l'une du côté de *Bertamont*, & l'autre de la Porte de *Nimy*.

### *Attaque de Bertamont.*

3500. Travailleurs, à la faveur de douze Compagnies de Grenadiers & de trois Bataillons aux ordres de Mr. *de la Fare*, Lieutenant-Général, longèrent une Ligne de 900 toises, éloignée de 230. toises des barriéres.

Les Afliégés firent un feu très-médiocre dans la nuit fur cette partie, mais ils tirérent confidérablement de Bombes & de Canon le matin, fans qu'il ayent produit aucun effet, parce que la Tranchée étoit bien perfectionnée au point du jour.

|  tué. | bleffés. |
|-------|----------|
| 0 | 2. Soldats. |

 *Attaque*

## *Attaque de Nimy.*

2600. Travailleurs fous la protection de dix Compagnies de Grenadiers & de trois Bataillons, aux ordres de Mr. le Duc *de Bouflers*, Lieutenant Général, firent un Boyau, arrivés à la faveur des maifons à 130. toifes des paliffades, pour former la 1re. Paralléle, & commencérent les amorces d'une 2me. Paralléle, qu'on perfectionna pendant le jour.

Le développement de cet ouvrage fut de 600. toifes, y compris la communication.

Nous nous rendîmes maîtres des deux Redoutes que les Affiégés avoient abandonnées.

On nous tira beaucoup de Bombes, de Canon & de Mousquetterie durant toute la nuit.

| tué. | bleffés. |
|---|---|
| 1. | 14. Soldats. |

2.

## 2. NUIT.

### Du 25. au 26. Juin.

### Attaque de Bertamont.

On pouffa cette nuit deux nouvelles branches fur les derriéres de la Paralléle, pour faciliter fa communication.

On prolongea la droite pour envelopper le Village de *Hion*.

On fit auffi des communications à chaque emplacement des Batteries, qui font toutes déterminées; favoir *a*. de 3. Piéces en avant du Village, & *b*. de 3. Piéces dans le Village de *Hion* pour battre la Redoute du Moulin *St. Pierre*; *c*. de 6. Embrafures pour ricocheter le Baftion droit de l'Ouvrage à cornes; *d*. de 8. & *e*. de 6. Mortiers dirigées fur les Ouvrages de la droite; *f*. de 4. Piéces frappe le Demi-Baftion à droite, *g*. de 6. Piéces celui à gauche; *h*. de 10. Mortiers tire dans les dehors de l'Ouvrage à cornes; *i*. de 6. Canons a pour objet le Demi-Baftion

C 5                    gauche.

gauche ; *k.* de 5. Piéces bat la Redoute à droite de l'ouvrage ; *l.* de 10. Piéces eſt en mire du Corps de la Place ; *m.* de 4. Mortiers tire dans le Chemin - couvert ; *n.* de 5 embraſures frappe contre la Demilune ; *o.* & *p.* de 4. Piéces chacune, tirent à ricochets ſur l'Ouvrage à cornes.

La nuit fut extrêmement tranquile.

| tué. | bleſſé. |
|------|---------|
| o. | 1. Soldat. |

### *Attaque de Nimy.*

On ſe logea dans la 3me. Redoute, dont on s'étoit emparé à l'entrée de la nuit.

La droite de la 1re. Paralléle fut prolongée de 90. toiſes, dont 20 au-delà de la Chauſſée, & la gauche de 140. toiſes.

On travailla avec diligence aux quatre Batteries commencées d'hier, ſavoir *A* de 6. Piéces, bat la gauche de l'Ouvrage à cornes. *B.* de 4. Canons

Canons a pour objet la Demilune.
C. de 5. Piéces dirigée fur les derriéres de l'Ouvrage à cornes. D. de
5. Embrafures frappe contre le
Front des deux Baftions du Corps
de la Place. On ébaucha encore
une Batterie E. à 6. Mortiers deftinée pour l'Ouvrage à cornes.

Le feu des Afliégés, tant en Canon qu'en Mortiers, ne fut pas fi
vif que la nuit derniére.

| tué. | bleffés. |
|---|---|
| —— | 1. Officier. |
| —— | 17. Soldats. |

## 3. N U I T.

*Du 26. au 27. Juin.*

### *Attaque de Bertamont.*

A la droite on déboucha une Zigue-zague de 110. toifes en 25.
branches, & on travailla à former
la 2me. Paralléle, qui ne put être
achevée; il refta environ 100. toifes
pour joindre la gauche de la 1re.
Paralléle.

La

La communication qui conduit au Village de *Hion* fut perfectionnée.

On conduiſit pendant la nuit les Madriers & Poutres néceſſaires pour les platte-formes des Batteries; celles de Canon furent en état de le recevoir.

Les Aſſiégés jettérent quelques Bombes, & tirérent pluſieurs coups de Canon.

| tué. | bleſſés. |
|---|---|
| ——— | 2. Offic. d'Artillerie. |
| ——— | 3. Soldats. |

*Attaque de Nimy.*

On fit au débouché de la 2me. Paralléle à droite 110. toiſes d'ouvrage en 4. Zigue-zagues, & un recouvrement de 28 toiſes. A la gauche 100. toiſes en 3. Zigue-zagues; le recouvrement ne put être achevé, on le continua dans *la* journée.

Nous fûmes à 30. toiſes du Chemin-couvert.

Les

Les Affiégés firent à minuit une fortie de 20. hommes, mais nos Grenadiers ayant fait feu fur eux, ils rentrérent avec précipitation.

La grande communication de la gauche fut prolongée de 120. toifes, & la communication à droite derriére les Batteries perfectionnée.

Cinq de nos Batteries tirérent depuis la pointe du jour, & on travailla à l'achévement de la fixiéme F. de 6. Mortiers.

| tués. | bleffés. |
|---|---|
| 4. | 25 Soldats. |

## 4. N U I T.

*Du 27. au 28. Juin.*

*Attaque de Bertamont.*

La 2me. Paralléle fut achevée & perfectionnée ainfi que toutes les communications de la 1re. à la 2me. Paralléle.

Toutes nos Batteries tirérent à la pointe du jour. Nous eûmes fur ce front

front 56. Piéces de Canon & 28. Mortiers.

Les Affiégés dirigérent tout leur feu fur notre Batterie du centre ; elle fut un peu endommagée, mais on la répara avec diligence ; ils tirérent dans la nuit quelques coups de fufil fur nos Travailleurs.

| tué. | bleffés. |
|---|---|
| ══ | 2. Officiers. |
| ══ | 6 Soldats. |

*Attaque de Nimy.*

On fit une communication fur la gauche de la 1re. Paralléle, de 110. toifes en 4. Zigue-zagues.

La 2me. Paralléle fut pouffée à la droite d'environ 60. toifes dans un terrain très-marécageux.

On continua la fappe de la 3me. Paralléle, en la remontant fur la droite pour cheminer fur la Capitale de la Demilune de l'Ouvrage à cornes.

La fixiéme Batterie commença à tirer à la pointe du jour ; nous eûmes

à

à cette attaque 20. Canons & 12. Mortiers.

Les Affégés réunirent tout leur feu fur notre Batterie de la gauche.

Le feu de la Mousquetterie ne fut pas vif.

|  tués. | bleſſés. |
| --- | --- |
| 4. | 10 Soldats. |

Les Affiégés abandonnérent cette nuit l'Ouvrage à cornes de *la Haine*, où ils laiſſoient une Piéce de fer : en conféquence nous attaquâmes la Redoute *Friſon*, placée à la droite par rapport à nous. On y fit priſonniers 1. Sergeant & 13. Soldats.

Nous nous établîmes dans ces deux Forts.

## 5. NUIT.

*Du 28. au 29. Juin.*

*Attaque de Bertamont.*

On déboucha de la 2me. Paralléle fur le Baſtion droit de l'Ouvrage à cornes par 17. Zigue-zagues, faiſant

en-

enfemble 106. toifes ; & par 12. fur la Capitale de la Demilune, faifant 107. toifes de longueur.

La tête de ces Sappes étoit à 65. toifes de la Paliffade des Chemins-couverts.

|  tués. | bleffés. |
|:---:|:---:|
| 3. | 1. Officier. |
| | 1. Soldat. |

Hier au foir le petit Ouvrage du Moulin *St. Pierre* ayant été fort maltraité par notre Artillerie, fe rendit : il y avoit 1. Lieutenant & 17. hommes.

*Attaque de Nimy.*

On prolongea de 80. toifes la 1re. Paralléle, elle paffa de 40. toifes la Capitale de la Demilune de l'Ouvrage à cornes. Ce travail fe fit à fappe volante.

La 3me. Paralléle fut continuée à fappe pleine de 70. toifes ; on fut obligé, pour fe couvrir de la Place-d'armes faillante de la Demilune,

de

de faire trois traverſes.

Le nouveau travail de la 4me. Paralléle pouſſée de l'extrémité droite de la 3me. fut de 20. toiſes. On continua la communication de la gauche, & on fit trois coupures dans le Chemin-creux.

tué          bleſſés.
 1.             7.

## 6. NUIT.

*Du 29. au 30. Juin.*

*Attaque de Bertamont.*

On fit cette nuit un débouché à la droite de 175. toiſes de ſappe, tant en Zigue-zague qu'en Paralléle, & à celui de la gauche 145. toiſes. Il reſta environ 40. toiſes pour joindre la 3me. Paralléle: le mauvais tems qu'il fit toute la nuit retarda ce travail.

Nous fûmes à 40. toiſes du ſaillant du Chemn-couvert de la Demi-lune.

Les Afliégés firent un feu de moufquetterie bien nourri, depuis les 11 heures du foir jufqu'à la pointe du jour.

| tués | bleflés. |
|---|---|
| 1. | 1. Capitaine, |
| 4. | 12. Soldats. |

### *Attaque de Nimy.*

On poufla dans la 1<sup>re</sup>. Paralléle 5. Zigue-zagues fur la Capitale de la Demilune jufqu'au marais, que l'on ne pouvoit paffer.

Dans la 2<sup>me</sup>. Paralléle on fit 3. Zigue-zagues en retour pour un emplacement de Batterie fur le petit ouvrage qui eft à gauche de l'Ouvrage à cornes.

A droite de la 3<sup>me</sup>. Paralléle on déboucha 4. Zigue-zagues avec un bout de recouvrement pour cheminer fur la Demilune; ce travail fut de 185. troifes.

On continua dans le jour à fappe pleine pour prolonger les dits ouvrages.

Nous

Nous fûmes à 8. toifes de la Paliffade du Chemin-couvert.

La Batterie *G*. de 6. Piéces deftinée pour battre le Baftion *des Apôtres*
tira à l'aube du jour.

Le feu fut extrêmement vif &
foutenu pendant toute la nuit.

| tués. | bleffés. |
|---|---|
| 1. Officier | |
| 2. | 13. Soldats. |

## 7. NUIT.

*Du 30. Juin au 1. Juillet.*

### *Attaque de Bertamont.*

La 3me. Paralléle fut perfectionnée pendant cette nuit.

On fortit en Zigue-zagues de la
3me. Paralléle par trois endroits différens; ceux de la droite & de la
gauche furent dirigés fur les Capita-
les des Demi-Baftions de l'Ouvrage
à cornes, les extrémités étant à 45.
toifes du Chemin-couvert; celui du
centre chemine fur le faillant de la

 Demi-

Demilune, l'extrémité à 15. toiſes du Chemin-couvert.

Nos deux nouvelles Batteries à bombes *q.* & *r.* de 7. Mortiers chacune, placées au centre de la 2me. Paralléle, tirérent hier au ſoir ; elles ſont dirigées ſur l'Ouvrage à cornes.

En avant de la 2me. Paralléle on établit deux Batteries *s. t.* de 6. & 4. Piéces à la diſtance de 30. toiſes l'une de l'autre ; leur objet eſt aux Ouvrages derriére l'Ouvrage à cornes.

Le feu des Aſſiégés fut très-opiniâtre cette nuit, ils tirérent depuis hier au ſoir de deux Pierriers qu'ils avoient dans la Demilune

| tué. | bleſſés. |
| --- | --- |
|  | 1. Ingénieur. |
| 1. | 13. Soldats. |

### *Attaque de Nimy.*

On ſe logea ſur le ſaillant du Chemin-couvert du petit Ouvrage, que les Aſſiégés abandonnérent peu de momens après, & ſur celui de la Demilune. Ces Logemens ſe communi-
ni

niquoient par une Paralléle à Mi-
glacis.

Du Logement du faillant de la Demilune on tira une communication à
double fappe en arriére, qui fervit
de flanc à ce Logement.

Tous les fusdits ouvrages furent
très-bien exécutés.

Les nouvelles Batteries *H I.* com-
pofées de 4. Mortiers & 4. Pierriers,
& placées dans la 3me Paralléle, furent achevées. Celle qui bat le Baftion du Vivier *des Apôtres* a été aug-
mentée ce matin de 2. Piéces.

Notre Artillerie commença à prendre la fupériorité fur celle de la Place.

|  tués. | bleffés. |
| --- | --- |
| 1. Ingénieur. | —— |
| 6. Soldats | 17. |

## 8. NUIT.

*Du 1. au 2. Juillet.*

*Attaque de Bertamont.*

On continua les 3. Zigue-zagues

de

de la 3me. Paralléle ; ceux de la droite & de la gauche chacun de 5 branches, celui du centre de 4. à l'extrémité duquel on commença une Paralléle en forme de T. Chaque Zigue-zague de la droite & de la gauche finit par un simple retour, qui déboucha vers le centre pour faire la jonction de la 4me. Paralléle. On perfectionna avec vivacité ce travail de la nuit. Cette 4me. Paralléle étoit à 20. toises du faillant du Chemin-couvert de la Demilune.

Les Batteries en avant de la 2me. Paralléle tirérent ce matin. On ébaucha une Batterie u de 2. Mortiers & 2 Pierriers fur l'extrémité de la 3me. Paralléle, pour incommoder d'autant plus les Affiégés dans le Chemin couvert.

Les Mineurs ouvrirent cette nuit deux puits dans le Zigue-zague de la gauche partant de la 2me. à la 3me. Paralléle : à 5 heures du matin un de ces puits avoit 15. & l'autre 11. piés de profondeur. A la même heure on en perça un troifiéme dans le même Zigue-zague ; ce travail ne rallentit point celui de la fappe.

Les

Les Assiégés firent sauter une fou-
gasse au Zigue-zague partant de la
3me. Paralléle, laquelle ne fit que
très-peu d'effet; 3. Soldats en furent
légérement blessés.

Le feu fut très-vif pendant toute
la nuit.

| tués. | blessés. |
|---|---|
| 1. Ingénieur. | |
| 2. Officiers. | 2. Capitaines. |
| 17. Soldats. | 60. Soldats. |

*Attaque de Nimy.*

On fit le couronnement du Chemin-couvert depuis l'angle saillant du
Demi-Bastion gauche jusqu'à celui de
la Demilune; ce travail étoit de 270.
toises de sappe, y compris les traverses & les recouvremens.

On travailla aussi dans ce couronnement à la construction de trois Batteries, *K.* de 3. Piéces pour battre
en brêche le Demi-Bastion gauche;
*L.* de 3. Piéces pour battre la Face
gauche de la Demilune; & *M* de 2.
Pierriers. Il faut encore y joindre la

D 4

Bat-

Batterie *N.* de 5. Pierriers, commencée fur le Glacis à côté du petit ouvrage.

<table>
<tr><td>tués.</td><td>bleffés.</td></tr>
<tr><td>4.</td><td>40. Soldats.</td></tr>
</table>

## 9. N U I T.

*Du 2. au 3. Juillet.*

*Attaque de Bertamont.*

Mgr. le Prince *de Conti*, voyant les travaux fort près du Chemin-couvert, réfolut de le faire attaquer de vive force cette nuit. Mrs. le Comte *de Tresme*, de *Coetlogon* & *de Crillon*, qui commandoient la Tranchée, firent marcher au fignal convenu par trois débouchés fur les trois angles du Chemin-couvert de la Demilune & de deux Demi-Baftions, deux Compagnies de Grenadiers à chaque attaque, foutenues de deux autres en cas d'une réfiftance rigoureufe.

Au moment que les Grenadiers pa-

parurent sur la crête du Glacis, les Assiégés abandonnérent le Chemin-couvert ; mais malgré la précipitation de leur retraite nous leur fîmes 37. prisonniers.

Les Mineurs, qui à l'instant même se portérent dans le Chemin-couvert, arrachérent les saucissons de deux Mines prêtes à jouer ; deux fougasses partirent dans ce moment en avant du Chemin-couvert de la corne gauche, & ne blessérent personne.

Le Logement se fit sans perte de tems, & le Chemin - couvert de l'Ouvrage à cornes fut absolument couronné.

Les Grenadiers montrérent la plus grande valeur, & les Travailleurs la même fermeté.

| tués. | blessés. |
|---|---|
| 1. | 1 Ingénieur. |
|  | 8 Officiers. |
| 34. | 78 Soldats. |



*Attaque*

*Attaque de Nimy.*

On fit deux débouchés pour la defcente du Foffé, l'un fur la gauche de la Demilune, l'autre fur la face du Demi-Baftion gauche.

On couronna le Chemin-couvert le long de la face droite de la Demilune.

Le travail de cette nuit fut de 126. toifes, tant en fappe pleine qu'en fappe volante.

Les deux Batteries de Pierriers placées fur le Glacis, commencérent à tirer ce matin.

Les Affiégés tirérent beaucoup de bombes fur nos Batteries, fans nous faire grand mal.

| tués. | bleffés. |
|---|---|
|  | 4 Officiers. |
| 4. | 21 Soldats. |

## 10. N U I T.

*Du 3. au 4. Juillet.*

*Attaque de Bertamont.*

Le Logement fur le Chemin-couvert

couvert fut entiérement perfectionné.

On acheva la 4me. Paralléle pour
fervir de communication, & l'on
pouffa un petit boyau derriére le logement du Chemin-couvert au centre
de cette Paralléle pour communiquer
avec facilité aux trois Batteries qu'on
éleva pour battre en bréche.

Les deux Batteries à Bombes placées fur la droite de la 1re. Paralléle
furent portées en avant de la 2me. à
la droite de deux autres à canon,
voyez *V*. & *W* dans le Plan.

Nos deux Batteries à ricochet é-
tablies à gauche de la 1re. Paralléle
continuérent à tirer avec grand
fuccès.

| tués. | bleffés. |
|---|---|
| 0 | 1 Officier. |
| 2 | 19 Soldats. |

*Attaque de Nimy.*

On couronna la droite du faillant
de la Demilune, & une partie de la
Place-d'armes rentrante.                    On

On fit plufieurs traverfes & communications aux Batteries.

Les Mineurs avancérent les Galleries pour la defcente du Foffé de 9. pieds de chaque côté.

Nos Batteries pour battre en bréche tirérent à 5. heures du matin.

Le Feu des Affiégés fut médiocre.

|  tués. | bleffés. |
|--------|----------|
|  7. | 19 Soldats. |

## 11. NUIT.

*Du 4. au 5. Juillet.*

*Attaque de Bertamont.*

On commença les trois débouchés pour la defcente du Foffé dans le Chemin-couvert fur la Contrefcappe, en partie à ciel couvert fous des blindages, en partie à découvert.

Les trois Batteries placées fur le Chemin-couvert commencérent à la pointe du jour à battre en bréche, x. de 4. Piéces la face du Demi-baftion droit, y. de 4. Piéces la face

gauche

gauche de la Demilune , & 2. de 2.
Piéces la face du Demi-Baſtion
gauche.

Les Aſſiégés jettérent quantité de
grenades & de pierres dans la Tranchée , & firent à l'entrée de la nuit
un grand feu de mousquetterie, que
nos Grenadiers éteignoient par la
ſupériorité du leur.

Les deux Mortiers, que les Aſſiégés avoient derriére l'Ouvrage à
cornes, jettérent des bombes toute
la nuit.

|  | tués. | bleſſés. |
|---|---|---|
|  |  | 1. Officier. |
|  | 5. | 21. Soldats. |

*Attaque de Nimy.*

Hier ſur les 5. heures du ſoir Mr.
*de Fenelon*, Lieutenant-Général de
Tranchée, fit attaquer une petite
Redoute qui eſt en avant du Foſſé
du Demi-Baſtion gauche de l'Ouvrage à cornes, & qui prenoit de revers
le paſſage du Foſſé; on s'y logea, &
nous

nous y perdîmes 8. Soldats de tués & 22. bleſſés.

Le paſſage du Foſſé de la Demilune fut achevé à 6. heures du matin ; on travailla à celui du Demi-Baſtion

Les brêches furent praticables ſur le ſoir.

Les Aſſiégés ne tirérent presque point pendant la nuit.

| tués. | bleſſés. |
|---|---|
| 9. | 27 Soldats. |

## 12. N U I T.

### Du 5. au 6. Juillet.

*Attaque de Bertamont.*

On pouſſa pendant la nuit dans le Chemin couvert de la branche gauche de l'Ouvrage à cornes une ſappe d'environ 50. toiſes.

Le fond de communication du Chemin couvert de la Demilune fut achevé; les Aſſiégés abandonnérent cet Ouvrage ſur le matin.

On

On établit en avant de la 4me. Paralléle sur les saillans du Chemin-couvert de la droite deux Batteries *aa.* & *bb.* de 4. Mortiers & 4. Pierriers, & sur celui de la gauche à même hauteur deux autres *cc.* & *dd.* à 3. Mortiers & 3. Pierriers.

Les bréches au Demi-Baftion furent en état ce même jour.

On travailla à l'établiffement du Pont pour le finir le lendemain.

Le feu de part & d'autre ne fut pas fi vif pendant le jour, mais la nuit il redoubla.

|  |  |
|---|---|
| tué. | bleffés. |
|  | 4 Officiers. |
|  | 27 Soldats. |

### *Attaque de Nimy.*

Les Affiégés ayant abandonné l'Ouvrage à cornes, on en couronna tout le front; on fe logea fur le Cavalier, & on masqua la poterne du milieu de la Courtine. A la droite & à la gauche de ce masque partent deux fappes paralléles aux

faces

faces de la Demilune du deuxiéme Ouvrage à cornes ; le travail de la fappe fe continua dans le jour.

On chemina dans le Chemin-couvert de la branche gauche de l'Ouvrage à cornes que nous occupons, pour joindre la derniére traverfe de la Place-d'armes rentrante, & pour foutenir le travail du Mineur que l'on compte attacher aux Batardaux.

On fit encore un Logement dans la Demilune.

Il n'y eut pas grand feu de part & d'autre.

| tués. | bleffés. |
|---|---|
|  | 2. Officiers, |
| 1. | 16. Soldats. |

## 13. NUIT.

### Du 6. au 7. Juillet.

### Attaque de Bertamont.

On fit un Logement dans la Demilune, & on pouffa la communication par la brêche.

L'Ouvrage à cornes a été abandonné

donné ce matin. On s'en eſt emparé ſur le champ. Nous y trouvâmes
3. Piéces de canon renverſées, un
Mortier & un Haubiz. Quelques
Grenadiers qui étoient chargés de la
tête, éventérent les mines des Demi-
Baſtions à droite & à gauche. On plaça quelques Gabions ſur le haut de la
brêche.

On prolongea le Boyau dans le
Chemin-couvert de la branche gauche de 25. toiſes à double ſappe,
faiſant un retour qui coupoit le
Glacis & le Chemin-couvert.

| tué. | bleſſés. |
|---|---|
|  | 2 Officiers. |
| 1 | 17 Soldats. |

### *Attaque de Nimy.*

On perfectionna le Logement de
l'Ouvrage à cornes, & on prolongea
la ſappe juſques dans le rempart; la
tête du travail n'eſt qu'à 20. toiſes
de la Place-d'armes.

Sur la gauche de la 1re. Paralléle
on commença une Redoute, pour

E aſſurer

aſſurer d'autant plus cette partie.

On ébaucha quatre Batteries, une *O*. de 6. Mortiers & de 2 Pierriers, ſur la Courtine de l'Ouvrage à cornes; une *P*. de 3 embraſures ſur l'épaule du Demi Baſtion gauche, pour battre en brêche la face gauche du ſecond Ouvrage à cornes; enſuite une autre *Q*. de 3. Piéces ſur le rempart de la branche gauche pour battre la Demilune; & enfin une *R*. de 3 Canons ſur le petit ouvrage , pour frapper contre le Baſtion derriére les Ouvrages à cornes. Ces Batteries furent ſur la fin du jour en état de recevoir les Piéces.

|  tués. | bleſſés. |
|--------|----------|
|        | 1 Officier. |
|   3    | 16 Soldats. |

## 14. NUIT.

*Du 7. au 8. Juillet.*

*Attaque de Bertamont.*

On longea une Paralléle dans l'Ouvrage à cornes, dont la communication à droite confifte en 6. Zigue-zagues, qui partent de la branche du Demi-Baftion ; la partie gauche de cette Paralléle refta imparfaite, ainfi que la communication dont il n'y eut que 2. Zigue-zagues de fait.

On continua le Logement à fappe pleine fur le Glacis à l'extrémité de la branche gauche, partant de terreplein du Chemin - couvert de l'Ouvrage à cornes, & on y fit une coupure de 8. toifes d'épaiffeur, pour faire écouler les eaux des Avant-foffés dans le Marais de *Quesme*.

Dans l'Ouvrage à cornes on travailla à la conftruction de trois Batteries *ee. ff. gg.* à 3. Canons chacune, pour battre en bréche les deux Demilunes qui couvrent le corps de la Place, & à une autre *kk.* de 2. Mortiers & de 2. Pierriers dirigée fur la Demilune droite.

| tués. | bleffés. |
|:---:|:---:|
| 1. | 3 Ingénieurs. |
| 13. | 35 Soldats. |

### *Attaque de Nimy.*

On conftruifit la fappe à traverfes tournantes fur le Chemin-couvert de la branche gauche de l'Ouvrage à cornes jusqu'à la Place-d'armes rentrante.

On fit une fappe debout fur le rempart de la branche gauche de l'Ouvrage; elle commença à l'ancienne fappe, & on retourna jusqu'à 10. toifes de la Batterie *Q.* pour l'emplacement de quelques nouvelles Batteries.

On commença une coupure pour l'écoulement des eaux du Foffé.

| tué | b'effés. |
|:---:|:---:|
| | 1 Officier. |
| 1 | 14 Soldats. |

15.

## 15. NUIT.

### *Du 8. au 9. Juillet.*

#### *Attaque de Bertamont.*

La descente faite, on passa le Fossé, & on vint se loger sur la Contre-garde qui régne autour des Demilunes, dont on couronna les deux branches à gauche; on y commença les emplacemens de deux Batteries *ii*, *kk*, de 3. Piéces chacune, pour battre en brêche la face de la Demilune gauche, & d'une autre *ll* de 5. Mortiers à la droite, laquelle on ferma par 4. traverses tournantes.

| tués. | blessés. |
|---|---|
| 3. | 13 Soldats. |

#### *Attaque de Nimy.*

On finit la descente du Fossé de la Demilune, & on sortit sur la gauche pour faire celle du Fossé du deuxiéme Ouvrage à cornes.

E 3                          On

On éleva à l'extrémité du Chemin-couvert de la branche gauche une Batterie *S.* de 2. Canons, pour frapper contre le fusdit Ouvrage à cornes.

|  tués. | bleſſés. |
|---|---|
|  | 1 Officier. |
| 2. | 11 Soldats. |

## 16. N U I T.

*Du 9. au 10. Juillet.*

*Attaque de Bertamont.*

On déboucha entre les deux Batteries en brêche pour faire la deſcente du Foſſé.

L'Arrondiſſement de la Contreſcarpe de la Demilune droite fut coëffé ; on longea en même tems la Contre-garde, & on fit un logement à la tête du Pont.

| tués. | bleſſés. |
|---|---|
| 0 | 2 Officiers. |
| 5 | 15 Soldats. |

*Atta-*

*Attaque de Nimy.*

On tâcha de remplir le Foſſé du ſecond Ouvrage à cornes.

Sur les trois heures du matin les Aſſiégés battirent la chamade, en arborant le Drapeau blanc. La Capitulation fut ſignée, & la Garniſon ſe rendit priſonniére de guerre.

| tués. | bleſſés. |
|---|---|
| 0 | 6 Soldats. |

*Récapitulation du nombre des Tués & Bleſſés.*

| | | |
|---|---|---|
| Du 24. au 25 Juin | 1 | 16 |
| 26 | 0 | 19 |
| 27 | 4 | 30 |
| 28 | 4 | 18 |
| 29 | 4 | 9 |
| 30 | 8 | 26 |
| 30. au 1 Juill. | 8 | 31 |
| 2 | 24 | 102 |
| 3 | 35 | 112 |
| 4 | 9 | 39 |
| 5 | 14 | 49 |

| | | |
|---|---|---|
| 6 | 1 | 49 |
| 7 | 4 | 36 |
| 8 | 15 | 53 |
| 9 | 5 | 25 |
| 10 | 5 | 23 |

141 tués. 637 bleffés.

## *Etat des Batteries*

A l'Attaque de *Bertamont.*

## Canons.

*a* de 3 Piéces, commencée à tirer le 28. Juin.

| | | |
|---|---|---|
| *b* | 3 | —— |
| *c* | 6 | —— |
| *f* | 4 | —— |
| *g* | 6 | —— |
| *i* | 6 | —— |
| *k* | 5 | —— |
| *l* | 10 | —— |
| *n* | 5 | —— |
| *o* | 4 | —— |
| *p* | 4 | —— |
| *s* | 6 | —— |
| *t* | 4 | —— |

le 1. Juillet.

PL. III. Pag. 2.
Fort Moulin
St Pierre
Haute Trouille
Hion
SIEGE DE MONS
ATTAQUE DE BERTAMONT
L'Ouverture de la Tranchée se fit
la nuit du 24. au 25. Juin, arboré le
Drapeau blanc le 10. Juillet 1746.
Marque de couleur de chaque Nuit
1er 7. et 13me Nuit
2. 8. 14
3. 9. 15
4. 10. 16
5. et 11me
6. 12.
Echelle de 300. Toises.

| | | | | |
|---|---|---|---|---|
| *x* | 3 | —— | | 5. Juillet. |
| *y* | 3 | —— | | |
| *z* | 2 | —— | | |
| *ee* | 3 | —— | | 9. |
| *ff* | 3 | —— | | |
| *gg* | 3 | | | |
| *ii* | 3 | | | |
| *kk* | 3 | | | |

89 Canons.

Mortiers & Pierriers.

*d* de 8 Mortiers, Pierriers, commencée à tirer le 28. Juin.

| | | | | |
|---|---|---|---|---|
| *e* | 6 | —— | | |
| *h* | 10 | —— | | |
| *m* | 4 | —— | | |
| *q* | 7 | —— | | |
| *r* | 7 | —— | | 30 |
| *u* | 2 | —— | 2 —— | 1. Juillet. |
| *v* | 6 | —— | | 4. |
| *w* | 6 | —— | | |
| *aa* | 4 | —— | | 6. |
| *bb* | - | —— | 4 —— | |
| *cc* | - | —— | 3 —— | |
| *dd* | 3 | —— | | |
| *hh* | 2 | —— | 2 —— | 9 |
| *ll* | 4 | —— | | |

69 Mortiers. 11 Pierriers.

E 5

A

## A l'Attaque de *Nimy*.

## Canons.

*A* de 6 Piéces, commencée à tirer le 27 Juin.

| | | | |
|---|---|---|---|
| *B* | 4 | | |
| *C* | 5 | | |
| *D* | 5 | | |
| *G* | 6 | | 30 |
| *K* | 3 | | 4 Juillet. |
| *L* | 3 | | |
| *P* | 3 | | 8 |
| *Q* | 3 | | |
| *R* | 3 | | |
| *S* | 2 | | |

43 Canons.

Mortiers

PLAN IV. Pag. 74.
Haine Riv.
R. Frilon
R
R
R
Nimy
SIEGE DE MONS
ATTAQUE DE NIMY
L'Ouverture de la Tranché se fit la
nuit du 24 au 25 Iuin arboré le Drapeau
blanc le 10. Iuillet 1746.
Marque de Couleur de chaque Nuit
1re 7. et 13me Nuit
2. 8. 14me
3. 9. 15me
4. et 10me
5. 11.
6. 12
Échelle de 300 Toises
Porte de Nimy
Viviez des Apolies

Mortiers & Pierriers.

*E* de 6 Mortiers, Pierriers, commencée à tirer
le 27. Juin.
28.

| | Mortiers | | Pierriers | | |
|---|---|---|---|---|---|
| *F* | 6 | | | | |
| *H* | 2 | | 2 | | 1. Juill. |
| *I* | 2 | | 2 | | |
| *M* | | | 2 | | 3. |
| *N* | | | 5 | | |
| *O* | 6 | | 2 | | 8. |

22 Mortiers. 13 Pierriers.

# JOURNAL
## DU SIEGE
## DE
## CHARLEROI.

### Juillet 1746.

Près la prise de *Mons*, le Prince *de Conti* détacha de son Armée 6 Bataillons & 13 Escadrons sous les ordres de Mr. *de la Fare*, Maréchal de Camp, pour prendre *St. Guilain*, & il marcha avec le reste de son Armée pour faire l'investiture de *Charleroi*.

*St. Guilain* pris le 15 Juillet, la Tranchée fut ouverte devant *Charleroi* la nuit

Du

*Du 28. au 29. Juillet,*

Par trois Attaques ; la premiére au front de la Porte de *Bruxelles*, la seconde devant la Porte de *Marcinelles*, & la troisiéme à celle de *Montigny.*

## 1.  N U I T.

*Attaque de Bruxelles.*

1200. Travailleurs commencérent une Ligne de 460. toises avec ses communications.

Le feu des Assiégés fut très-vif pendant toute la nuit dans cette partie.

|  tués. | blessés. |
|---|---|
|  | 1 Ingénieur. |
| 10. | 30 Soldats. |

*Attaque de Montigny.*

1200. Travailleurs poussérent la 1re Paralléle de 400. toises en - deçà du ravin des petits Etangs à 80. toises d'éloignement de la Redoute

des

des *Payſans*, & firent une communication de 340. toiſes.

tué.                    bleſſés.
0.                      2. Soldats.

*Attaque de Marcinelles.*

600. Travailleurs ouvrirent un Boyau avec ſa communication de 630. toiſes.

tué.                    bleſſé.

## 2. NUIT.

*Du 29. Juin au 30. Juillet.*

*Attaque de Bruxelles.*

500. Travailleurs perfectionnérent l'ouvrage de la nuit précédente, & prolongérent de 50. toiſes à la ſappe la gauche de la Paralléle, dans laquelle on plaça une Batterie *A.* de 2. Mortiers; on fit encore une autre communication de 150. toiſes.

tués.

tués.                    blessés.
  1. Officier
  2. Soldats.              3.

*Attaque de Montigny.*

400. Travailleurs achevérent la 1re. Paraliéle, & pousférent la 2me. de 180. toises vers la Redoute des *Pay-fans*, qui ne fe trouva éloignée que de 40. toises.

On fit de plus une communication en 3 Zigue-zagues de la 1ere. à la 2me. Paralléle fur la gauche.

On travailla à l'emplacement de cinq Batteries, l'une *B.* de 4. embrafures dans le centre de la 1re. Paralléle, qui frappe contre la face gauche du Baftion d'*Orléans*; & l'autre *C.* de 6. Piéces dans celui de la 2me. Paralléle, battent le Baftion *Dauphin*; deux *D.* & *E.* de 6. Canons chacune à l'extrémité de cette même Paralléle, font en mire du Baftion du *Roi*; & enfin une *F.* de 6. Piéces, derriére celles-ci, eft deftinée à battre les défenfes, & à prendre des ricochets fur le Front attaqué.

tué.

tué.                    bleffé.

*Attaque de Marcinelles.*

300. Travailleurs prolongérent la Paralléle fur la droite jufqu'à la *Sambre* de 110: toifes, à l'extrémité de laquelle on commença la conftruction d'une Batterie *G.* de 3. Piéces & 3. Mortiers, pour enfiler la Porte, & battre la Redoute.

Au centre on ébaucha une Batterie *H.* de 3. embrafures pour ruiner la communication & battre la Redoute.

On prolongea de-même de 40. toifes la gauche de la Paralléle, laquelle eft pareillement terminée par une Batterie *I.* de 6. Piéces & 3. Mortiers, pour battre de revers & d'enfilade le Front attaqué.

tué.                    bleffés.
1. Officier.
2. Soldats.

## 3. NUIT.

### *Du 30. au 31. Juillet.*

#### *Attaque de Bruxelles.*

400. Travailleurs prolongérent la gauche de la Paralléle de 110. toiſes, pour ſoutenir une Batterie *K.* placée avantageuſement derriére, qui bat d'enfilade la face droite du Baſtion du *Roi*, celle de ſa Contregarde & ſon Chemin-couvert; elle eſt de 5. Piéces.

On fit encore deux emplacemens *L. M.* de 4. & 3. Piéces pour battre les deux Redoutes à la droite & la Communication.

On augmenta de 2. Mortiers la Batterie *A.* & on y joignit encore une nouvelle *N.* de 4. Mortiers.

tués.          bleſſés.

1 Officier.
5 Soldats.

F                    *Attaque*

## *Attaque de Montigny.*

300. Travailleurs pousſérent la gauche de la 2me. Paralléle jusqu'à la hauteur du ſaillant de la Redoute des *Païſans*, dont on embraſſa la face gauche au pié de ſon Glacis, & on retourna ſur la droite de 40. toiſes environ.

Le Mineur fut attaché au Ravin & au Chemin ſous la Redoute; il étoit enfoncé de 18. piés.

tués.        bleſſés.

## *Attaque de Marcinelles.*

Après avoir fait emporter la Redoute de *Marcinelles* l'épée à la main par 30. Grenadiers, en traverſant ſon Foſſé d'eau de 20. toiſes de largeur, 400. Travailleurs firent une ligne directe en ſappe debout & en traverſes tournantes, avec un retour qui communique avec un autre ſur le milieu d'une des faces de la Redoute en traverſant ſon Foſſé plein d'eau, que l'on combla; ce travail

fut

fut de 105 toiſes de longueur.

Comme l'Attaque de cette Redoute n'étoit pas abſolument certaine, on avoit commencé un Boyau pour s'en approcher, partant de la 1re. Paralléle, & dirigé ſur la barriére de la Chauſſée de 60. toiſes.

| tués. | bleſſés. |
|---|---|
| 2. | 3. Soldats. |

Dans la Redoute on fit priſonniers de guerre 1. Officier & 28. Soldats.

## 4. N U I T.

*Du 31. Juillet au 1. Août.*

*Attaque de Bruxelles.*

On fit la communication derriére les Batteries *L. M.* à peu près de 100. toiſes de longueur, & on perfectionna le travail de la nuit précédente.

| tués. | bleſſés. |
|---|---|
| | 3 Soldats. |

 *Attaque*

*Attaque de Montigny.*

Les Affiégés ayant abandonné la Redoute des *Païfans*, on prolongea la droite de la fappe faite la derniére nuit, & on pouffa en avant une Paralléle, partant de la communication de ladite Redoute, qui pince le faillant de la Redoute de *Vauban*. Cette Paralléle n'étant pas encore jointe avec la prolongation dont on vient de parler, on l'acheva dans la journée; elle eut 120. toifes de longueur.

On prolongea deplus la 2me. Paralléle de 90. toifes du côté de la *Sambre*.

On masqua pareillement la communication de la Redoute des *Païfans* à fon extrémité vers la Place, & on fe logea dans la Place-d'armes faillante du Chemin-couvert d'une autre Redoute qui y communique.

On ébaucha deux Batteries *O. P.* de 6. Piéces chacune, fur la Paralléle devant la Redoute de *Vauban*, pour battre les deux faces du Front oppofé; & on fit l'emplacement d'une *Q.* de 2. Mortiers en arriére.

On

On établit encore une autre Batterie *R*. de 3. Piéces au milieu de la 2me. Paralléle pour battre le Baftion d'*Orléans*.

|  tués. |  bleffés. |
| --- | --- |
| 2 | 1 Ingénieur. |
|  | 2 Soldats. |

### Attaque de Marcinelles.

La communication à la Redoute fut perfectionnée, de-même que la fappe en traverfes tournantes de la nuit derniére; on déboucha par cette ligne parallélement à la Place, en venant fe plier à la *Sambre* par un bout de Paralléle.

On fit auffi le paffage du Foffé de la petite Redoute en avant, où on fe logea après l'avoir enlevée.

|  tués. |  bleffés. |
| --- | --- |

## 5. NUIT.

### *Du 1. au 2. Août.*

### *Attaque de Bruxelles.*

On déboucha au milieu de la Paralléle par un Boyau qui, tirant fur la droite, enveloppa les deux Forts *Bois-l'eau* ; & on retourna par fa gauche fur les Redoutes avancées, à l'extrémité duquel on fit une ligne droite à double fappe & traverfes tournantes, dirigée fur la droite de ces deux Redoutes.

| tués. | bleffés. |
|---|---|
| | 2. Sodlats. |

### *Attaque de Montigny.*

En cheminant le long de la *Sambre* on fit une ligne droite à traverfes tournantes. On acheva les Batteries commencées d'hier. Nos Grenadiers ne voyant point fortir de feu des Remparts, tâtérent la petite Redoute de *Vauban*, dont ils s'emparérent; n'y ayant trouvé perfonne ; ils pouf-
férent

férent en avant, & après un peu de résiſtance ils emportérent l'Ouvrage à cornes devant lequel on s'enterra.

|  tués. |  bleſſés. |
| 3. | 13. Soldats. |

*Attaque de Marcinelles.*

On fit l'emplacement d'une Batterie *S.* de 2. Piéces ſur le bord de la *Sambre*, deſtinée à battre la Porte.

On commença à combler le grand Foſſé devant le Corps de la Place.

Comme le feu de l'Ennemi s'étoit rallenti pendant 24. heures dans cette partie, on fit attaquer la Porte, dont on s'empara; on traverſa la Ville, & on fit un logement ſur la Place en pinçant le Donjon qui couvre le Pont de la *Sambre*.

|  tués. |  bleſſés. |
|  | 2. Soldats. |

A la pointe du jour la Ville demanda à capituler, & la Garniſon ſe rendit priſonniére de guerre.



Ré-

*Récapitulation du nombre des Tués & Bleſſés.*

| Du 28 au 29 Juill. | 10 | 33 |
|---|---|---|
| 30 | 4 | 5 |
| 31 | 2 | 9 |
| 1 Août | 2 | 6 |
| 2 | 3 | 17 |

21 tués.　　　　　70 bleſſés.

## Etat des Bouches à feu.

## Canons.

*B* de 4 Piéces, commencée à tirer le 31 Juill.

| C | 6 | |
|---|---|---|
| D | 6 | |
| E | 6 | |
| F | 6 | 1 Août. |
| G | 3 | 31 Juillet. |
| H | 3 | |
| I | 6 | |
| K | 4 | |
| L | 4 | 1 Août. |
| M | 3 | |
| O | 6 | |

*P*

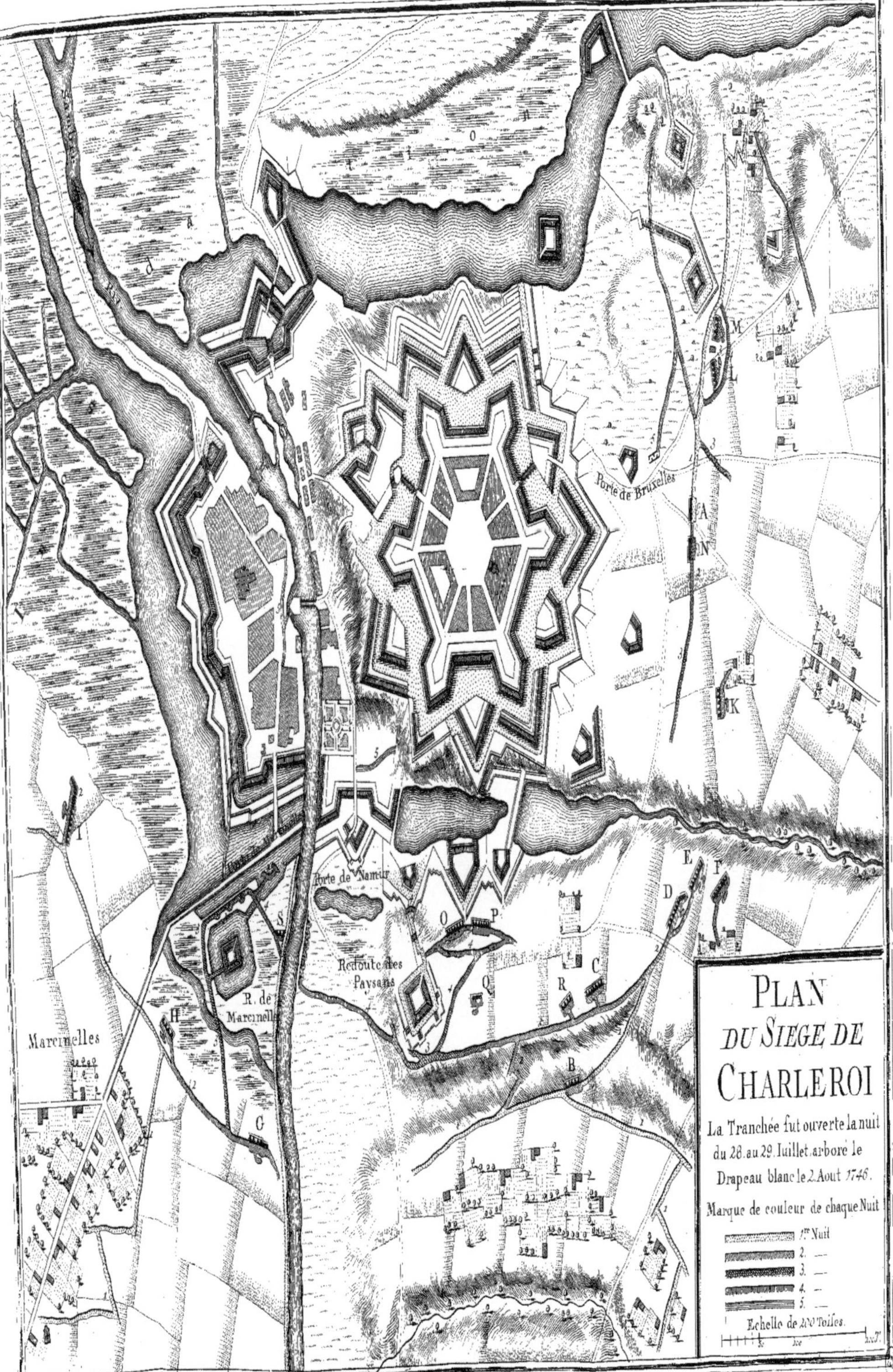

PLAN. V. Pag. 66.
Porte de Bruxelles
Porte de Namur
Redoute des Paysans
R. de Marcinelle
Marcinelles
PLAN
DU SIEGE DE
CHARLEROI
La Tranchée fut ouverte la nuit
du 28. au 29. Iuillet, arboré le
Drapeau blanc le 2. Aout 1746.
Marque de couleur de chaque Nuit
1.re Nuit
2.
3.
4.
5.
Echelle de 200 Toises.

P  ——
R  ——
S  2 ——
———
68 Canons.

Mortiers.

A de 4 Mortiers, commencée à tirer
le 30. Juill.

G  3 ——    31.
I  3 ——
N  4 ——    1. Août.
Q  2 ——
———
16 Mortiers.

# JOURNAL

## DU SIEGE

## DE LA VILLE DE

## NAMUR.

*Septembre* 1746.

MR. le Maréchal *de Saxe* a-
yant obligé les Alliés de
quitter les environs de *Namur* & de passer la *Meuse* faute de
vivres, envoya ordre à Mr. *de Segur*
d'investir le 6. Septembre cette Place par la rive droite de la *Meuse*,
conjointement avec le Corps de Mr.
*de Chazeron.*

En

En même tems il détacha de son Armée Mr. le Prince *de Clermont* avec 48. Bataillons & 34. Escadrons, pour former l'investissement en-deçà de cette Riviére, & prendre la direction du Siége, ayant Mr. *de Löwendahl* auprès de sa personne, pour commander subordonnément à lui.

La totalité des Troupes destinées à assiéger *Namur*, consistoit en 56. Bataillons sans compter ceux de l'Artillerie, & en 52. Escadrons.

Les dispositions faites, & l'Artillerie arrivée, l'ouverture de la Tranchée se fit la nuit.

## 1. NUIT.

*Du 12. au 13. Septembre.*

Mr. *de Firmacon*, Maréchal de Camp, Mrs. *Marquis* & de *Tanus*, Brigadiers.

### Bataillons de Tranchée.

| | |
|---|---|
| 1er. & 3me. de *Picardie* | 2. } 4. |
| *Segur* | 2. } |

Com-

Compagnies auxiliaires de Grena-
diers.                                              30.
Travailleurs de nuit.                    4050.
Le Travail eut trois objets différens.

On fit fur la *Baſſe-Meuſe* devant la
Porte de *St. Nicolas* une Paralléle a-
vec ſes communications qui appuya
à la rive gauche de cette Riviére,
& qui ne fut éloignée qu'à environ
200. toiſes de la premiére paliſſade.

On longea deux Boyaux vis-à-vis
un ouvrage connu ſous le nom du
*Fort Coquelet*, dont le dernier étoit
diſtant de 80. toiſes.

On commença une grande ligne
en pluſieurs Zigue-zagues de l'autre
côté de la *Meuſe*, à peu près paralléle à la rive droite de cette Riviére,
débordant les Ouvrages du nom de
*Baſſe-Meuſe.*

Précédemment à cette opération
on avoit établi cinq Batteries, dont
nommément *A.* de 8. Piéces rico-
cheta les Ouvrages des Châteaux, &
*B.* de 10. Piéces ceux de la Ville depuis le 12.; ces deux Batteries étoient
du côté de la *Baſſe-Sambre* près de
l'Ab-

l'Abbaye de *Salſine. C. D* de 6. Piéces chacune battoient les Redoutes de la droite nommées *St. Antoine* & d'*Epinoy*, depuis le 11.

La cinquiéme *E.* de 8. embraſures établie à la gauche de la Tranchée du *Coquelet*, tira ſur la prolongation des eaux de la *Baſſe-Meuſe*, & ſur tous les Ouvrages de cette partie depuis le 12.

On travailla encore cette nuit à la conſtruction d'une Batterie *F.* de 8. Mortiers au centre de la Paralléle ſur la *Baſſe-Meuſe*.

Le feu de cette nuit ne fut pas trop vif.

| tués. | bleſſés. |
|---|---|
| 5 | 15 Soldats. |

## 2. N U I T.

*Du 13. au 14. Septembre.*

Mr. le Duc *de Chevreuſe*, Maréchal de Camp, Mrs. *de Fontenay* & *de Pumbecque*, Brigadiers.

*Ba-*

*Bataillons de Tranchée.*

2me. & 4me.    de *Picardie* 2 }
1re. & 3me.    d'*Alsace* 2 } 4 Bat.
Compagnies auxiliaires de Grenadiers                                    12
Piquets de Dragons                              4
Travailleurs de nuit                      2300

*A l'Attaque de St. Nicolas*

On se contenta de perfectionner la Tranchée, arrêtée par des considérations pour l'Artillerie, à laquelle il falloit céder pour le jeu de ses Batteries.

*A l'Attaque du Coquelet*

On déboucha sur la droite par 7. de Zigue - zagues jusques tout près de l'angle saillant de ce Fort  A la gauche on commença une ligne pour l'emplacement de quelque nouvelle Batterie, & on poussa en avant un boyau avec un recouvrement pour faire une seconde communication dans les Ouvrages d'enbas.  On éboucha une
Bat-

Batterie *G.* de 6. Mortiers à la droite
de la 1re. Paralléle.

*A l'Attaque d'Outre-Meuse*

On déboucha une ligne qui avoisi-
na les bords de cette Riviére, & qui
pinça l'angle de la Lunette de *Bivac.*
Hier on commença deux nouvel-
les Batteries *H. I.* à 5. Piéces chacune, sur la hauteur à la queue de la
Tranchée de *St. Nicolas.*
En rappellant le calcul qu'on a
donné des Batteries, on verra qu'il
y avoit déjà le second jour de l'attaque 54. Bouches à feu toutes allumées, qui en impoférent affez à l'Artillerie de la Place.
Le feu de cette nuit fut affez vif,
nous eûmes

|  tués, | bleffés. |
|---|---|
|  | 2. Ingénieurs. |
|  | 1. Officier. |
| 3. | 27. Soldats. |

Le vieux Gouverneur de la Place
fortit hier fous prétexte de fon grand
âge.

## 3. N U I T.

### *Du 14. au 15. Septembre.*

Mr. *Du Châtelet*, Maréchal de Camp, Mrs. *de Salles* & *de Crillon*, Brigadiers.

### *Bataillons de Tranchée.*

1er. & 3me. de *Champagne* 2
2me. & 4me. *d'Alface* 2 } 4 Bat.
Compagnies auxiliaires de Grenadiers     12
Piquets de Dragons     4
Travailleurs de nuit     2000

### *A l'Attaque de St. Nicolas*

On déboucha par la droite, & on fit une 2me. Paralléle, à la droite de laquelle on ajoûta trois traverfes.

On fit deux Batteries *K. L.* de 6. & 8. Piéces à droit & à gauche de la 1re. Paralléle, qui tirérent depuis le matin; elles font dirigées fur le front de l'Ouvrage à cornes.

*A*

*A l'Attaque du Coquelet*

On déboucha par un Zigue-zague, qui partoit du centre du dernier de la nuit précédente, fur la Capitale de cette Redoute; tous les gabions furent pofés, mais il n'y eut que la moitié de rempli, & on travailla dans la journée à fappe pleine.

On gabionna encore pour un retour qui va à la Capitale à 6. toifes de la Palifiade, mais les Ennemis pendant la nuit arrachérent avec des crochets de fer les gabions de nos Travailleurs.

On partit auffi du centre de la 2me. Paralléle par un boyau, qui conduit à une gorge droit au Front de *St. Nicolas*, & retourne en traverfes tournantes fur la face gauche du Fort *Balard.*

Sur la gauche de la 1re. Paralléle on continua le dernier Zigue zague d'environ 12 toifes, au bout duquel on longea un boyau qui defcend dans la gorge conduifant à la derniére Paralléle de l'attaque de *St. Nicolas.*

G

On

On joignit encore les deux bouts de cette 1re. Paralléle, commencés les nuits précédentes.

A la gauche du boyau qu'on avoit poussé de la 2me. Paralléle, on ébaucha une Batterie *M.* de 5 Mortiers, qui commença à tirer fur la fin du jour.

On ajoûta hier 2 Mortiers à la Batterie *E.* de 8 Canons.

### A l' Attaque d'Outre-Meufe

Le boyau de la nuit précédente, refté à hauteur du Glacis de la Lunette, fut pouffé par traverfes tournantes jufqu'au bord de la Riviére; il appuya à un épaulement qui longe la *Meufe* d'environ 50 toifes. On y commença une Batterie *N.* de 6. Piéces pour battre la branche gauche de l'Ouvrage à cornes.

A 10 heures du foir deux Compagnies de Grenadiers d'*Alface* avec des échelles débouchérent pour aller efcalader la Lunette; ces deux Compagnies étoient foutenues de deux autres des Grenadiers Royaux, le tout

tout aux ordres de Mr. *de Crillon*
Brigadier, arrivé au poste; & 10 ou
12 échelles posées, les Grenadiers y
montérent avec beaucoup d'intrépi-
dité, & prirent ou tuérent 60 hommes qui défendoient la Redoute.

Cette expédition à peine finie, ils
apperçurent sur la Riviére une Bar-
que remplie de Soldats qui venoient
relever ce poste; ils les laissérent
débarquer dans le plus grand silence,
& dès qu'ils furent entrés dans l'Ouvrage ils les firent prisonniers.

On trouva dans le Fort 3. Piéces
de canon & quelques Provisions de
bouche; on y fit 123. Prisonniers
avec 5 Officiers & 1 Ingénieur; & il
y eut 8 de leurs Soldats brulés, qui
dans le moment de l'escalade étoient
occupés à faire des cartouches.

Nous n'eûmes à cette attaque
qu'un Travailleur tué & 21 Grenadiers blessés. Une Batterie *O.* de 10
Mortiers placée dans la 2me. Paralléle commença à tirer à la pointe du
jour sur le front de l'attaque de *St.*
*Nicolas*, laquelle suivit une autre *P.*
de 8 Piéces, construite en avant de

G 2

ladite

ladite Paralléle , dont 6 Piéces fur le Front de *S. Nicolas* , & 2 fur la Gorge du Fort *Balard*.

Nous eûmes pendant les 24 heu-res dans toutes les trois Attaques

| tués. | bleffés. |
|---|---|
| 3 | 42 Soldats. |

## 4. N U I T.

### Du 15. au 16. Septembre.

Mr. le Duc *de Chaulnes* , Maréchal de Camp, Mrs. *de Monaco* & *d'Ef-lingue* , Brigadiers.

### Bataillons de Tranchée.

| 2me. & 4me. de *Champagne* | 2 | |
|---|---|---|
| *Royal Comtois* | 1 | 4 |
| *Béarn* | 1 | |

| Compagnies auxiliaires de Grena-diers | 12 |
|---|---|
| Piquets de Dragons | 4 |
| Travailleurs de nuit | 1450 |

A

### A l'Attaque de St. Nicolas

On jetta une ligne vers la *Meuse*, sortie à peu près du centre de la 2^me. Paralléle jusqu'à environ 50 toises du Chemin-couvert de la Lunette qui est à droite de la Porte.

### A l'Attaque du Coquelet

On coëffa l'angle saillant du Chemin-couvert de ce Fort de deux Cavaliers.

On poussa par une marche de 14 Zigue-zagues l'Ouvrage sur la hauteur jusqu'à peu près 25 toises de la barriére du Chemin-couvert de communication entre le Fort du *Coquelet* & *Balard*.

### A l'Attaque d'Outre-Meuse

On déboucha une communication de la Redoute enlevée à la 2^me. Paralléle.

On fit un Logement sur la Contrescarpe gauche de cet Ouvrage, & on prolongea ce boyau le long de la Riviére avec un retour de 25 à 30

G 3     toi-

toifes, dans lequel on travailla à l'emplacement d'une Batterie *Q* de 7 Mortiers, qui commença à tirer ce matin, auffi-bien que celle de la droite.

On fit encore un autre Logement dans l'Ouvrage même.

Tout ce travail qui répondoit bien aux progrès de la nuit précédente, ne nous couta que

| tués. | bleffés. |
|---|---|
| 1 | 1 Officier. |
| 2 | 15 Soldats. |

L'Artillerie fit hier entendre le bruit le plus foutenu fur la Place affiégée, qui s'eft augmenté encore aujourd'hui par les Batteries ébauchées de la nuit précédente.

On doit cette juftice à ceux qui compofoient le Corps d'Artillerie, qu'il n'a jamais montré ailleurs plus de feu & plus d'avidité qu'ici.

## 5. NUIT.

*Du 16. au 17. Septembre.*

Mr. *de Fiennes*, Maréchal de Camp, Mrs. *de Vatteville* & *de Pons*, Brigadiers.

*Bataillons de Tranchée.*

| *Bourbon* | 2 | | |
|-----------|---|---|---|
| *Beaujolois* | 1 | } | 4 Bat. |
| *Bassigny* | 1 | | |

| | |
|---|---|
| Compagnies auxiliaires de Grenadiers | 12 |
| Piquets de Dragons | 4 |
| Travailleurs de nuit | 1500 |

*A l'Attaque de S. Nicolas.*

L'Ouvrage partant de la tête de la demie Paralléle fut d'environ 80. toises, le tout à double sappe venant de pincer l'angle de la Lunette.

Les Affiégés firent jouer une petite fougaffe au faillant de ladite Lunette, qui ne tua ni ne bleffa perfonne.

G 4      De

De ce boyau en partit un autre tirant fur la gauche vers la Riviére, & longeant la Paliffade, qui fe continua à fappe pleine dans le jour; l'ouvrage étoit à 8. piés du Chemin-couvert.

On établiffoit des Cavaliers pour déloger les Ennemis par leur fupériorité dans cet Avant-chemin couvert.

### A l'Attaque du Coquelet

On fortit des fappes du dernier Zigue-zague commencé hier pour arriver infenfiblement à une ligne projettée paralléle à la gorge de la Redoute *Balard*.

### A l'Attaque d'Outre Meufe

On prolongea de 25. à 30. toifes le crochet qui terminoit le Logement gauche pour couvrir une Batterie *R*. qu'on avoit commencée hier de 6. Piéces, & qui bat en bréche le Corps de la Place depuis ce matin; on avoit diminué de 3. Mortiers la

Batte-

Batterie attenante pour gagner un emplacement convenab'e.

On fit des traverſes dans ces deux Batteries, étant enfilées du Fort de la *Jambe.*

Sur le crochet on ébaucha une Batterie *S* de 2. Piéces deſtinées contre le ſusdit Fort. Le feu des Aſſiégés fut fort opiniâtre pendant cette nuit, nous eûmes

| tués. | bleſſés. |
|---|---|
| 10. | 20. Soldats. |

La Redoute *Balard*, celle qui pouvoit le plus incommoder la Tranchée, fut priſe & enl vée hier par la négligence d'un Soldat, qui en entrant avoit laiſſé la porte à demi-ouverte : nos Grenadiers logés dans les maſures s'en étant apperçus, s'avancérent & l'emportérent de vive force; on y fit 53 priſonniers, dont un Capitaine, avec perte de notre part d'un Grenadier tué & 4. bleſſés.

## 6. NUIT.

### Du 17. au 18. Septembre.

Mr. *Thomé*, Maréchal de Camp, Mrs. *la Brosse* & *de Vaux*, Brigadiers.

### Bataillons de Tranchée.

| | | | |
|---|---|---|---|
| 1er. & 2me. de *Monaco* | 2 | | |
| 1er. *Bettens* | 1 | } | 4 Bat. |
| 1er. *Diesbach* | 1 | | |

Compagnies auxiliaires de Grenadiers     12.
    Piquets de Dragons     4
    Travailleurs de nuit     1500

### A l'Attaque de St. Nicolas

Le travail de la droite partit de l'extrémité de la communication du Cavalier, & cheminant le long des Palissades appuya au Ruisseau de *Wedrin*.

Le travail de la gauche commença aux Cavaliers de Tranchée, longeant les Palissades à 9. piés, & pin-

pinçant l'angle de la Place d'armes rentrante, appuya en retournant sa gauche à *la Meuse*, dont elle est distante de 7 toises.

Le Couronnement de cet ouvrage fut égal par tout.

### *A l'Attaque du Coquelet*

On fit sur la gauche une communication de 70. toises, du dernier Zigue-zague jusqu'à une maison ruinée appuyée au Chemin-couvert du *Coquelet*, pour y établir un poste.

### *A l'Attaque d'Outre Meuse*

Les Batteries en brêche continuérent avec succès.

Nous eûmes dans les 24. heures

| tués. | blessés. |
|---|---|
|  | 3 Ingénieurs. |
|  | 2 Officiers. |
| 3 | 13 Soldats. |

## 7. N U I T.

*Du 18. au 19. Septembre.*

Mr. *de Beaufremont*, Maréchal de Camp, Mrs. *Marquis* & *du Pleſſis*, Brigadiers.

*Bataillons de Tranchée.*

2me. de *Bettens*    1
2me.      *Diesbach* 1
          *Breſſe*   1  } 4 Bat.
          *Vexin*    1

Compagnies auxiliaires de Grenadiers                          30
Piquets de Dragons                            4
Travailleurs de nuit              1750

Les Batteries d'*Outre-Meuſe* ayant ouvert la Place vers l'angle de l'enveloppe du Corps de la Place du côté de cette Riviére, douze Compagnies de Grenadiers ſoutenues de douze autres firent l'attaque de l'Avant-chemin couvert; & pendant qu'on amuſoit l'Ennemi par des

feux

feux continuels fur notre droite, on le tournoit à la gauche ; une petite langue de terre qui régnoit le long de la Riviére, donnoit un accès favorable pour monter la brêche ; on **y** faillit, & le Logement fe fit à la gorge depuis la brêche jufqu'à un Corps de Garde fur la Chauffée de *Tongres*.

Après quoi ayant ouvert les portes de la Demilune & de la Courtine, la communication fe trouva établie par la Chauffée.

A la pointe du jour Mr. *de Löwendahl* ayant reconnu les Travaux contre le *Coquelet*, en fit fommer le Commandant de fe rendre prifonnier ; ce qu'il fit à la fin, après beaucoup de conteftations.

Toute cette action ne nous couta que

| tués. | bleffés. |
|---|---|
| 45 | 60 Soldats. |

Un bonheur fi inefpéré, & qu'on aura peine à croire, eft dû fans doute aux bonnes difpofitions ; mais l'exécution & le bon ordre appartiennent

à

à Mr. *de Löwendahl*, qui par fa vigilance & fon activité a beaucoup accéléré la prife de cette Place, étant logé pendant tout le Siége dans une chaumiére au milieu des batteries de la hauteur, expofé au canon & aux bombes de l'Ennemi, qui à tout moment tomboient à droit & à gauche.

A midi le Commandant arbora le Drapeau blanc. On accorda un délai de fix jours à la Garnifon, pour fe retirer avec fes effets dans les Châteaux.

*Récapitulation du nombre des Tués & Bleffés.*

| Du 12 au 13 Sept. | 5 | 15 |
|---|---|---|
| 14 | 3 | 30 |
| 15 | 3 | 42 |
| 16 | 3 | 16 |
| 17 | 10 | 20 |
| 18 | 3 | 18 |
| 19 | 45 | 60 |

72 tués.            201 bleffés.

Etat

Etat des Bouches à feu.

Canons.

*A* une Batterie de 8 Piéces, commencée à tirer le
12 Septemb.

| | | |
|---|---|---|
| B | 10 | |
| C | 6 | 11 |
| D | 6 | |
| E | 8 | 12 |
| H | 5 | 14 |
| I | 5 | |
| K | 6 | 15 |
| L | 6 | |
| N | 6 | 16 |
| P | 8 | |
| R | 6 | 17 |
| S | 2 | |

82 Canons.

Mor-

Mortiers.

*E* une Batterie de 2 Mortiers, commencée à tirer
le 14. Sept.

|   |    |    |
|---|----|----|
| *F* | 8 | 13 |
| *G* | 6 |    |
| *M* | 5 | 15 |
| *O* | 10 |   |
| *Q* | 7 | 16 |

38 Mortiers.
82 Canons.

120 Bouches à feu.

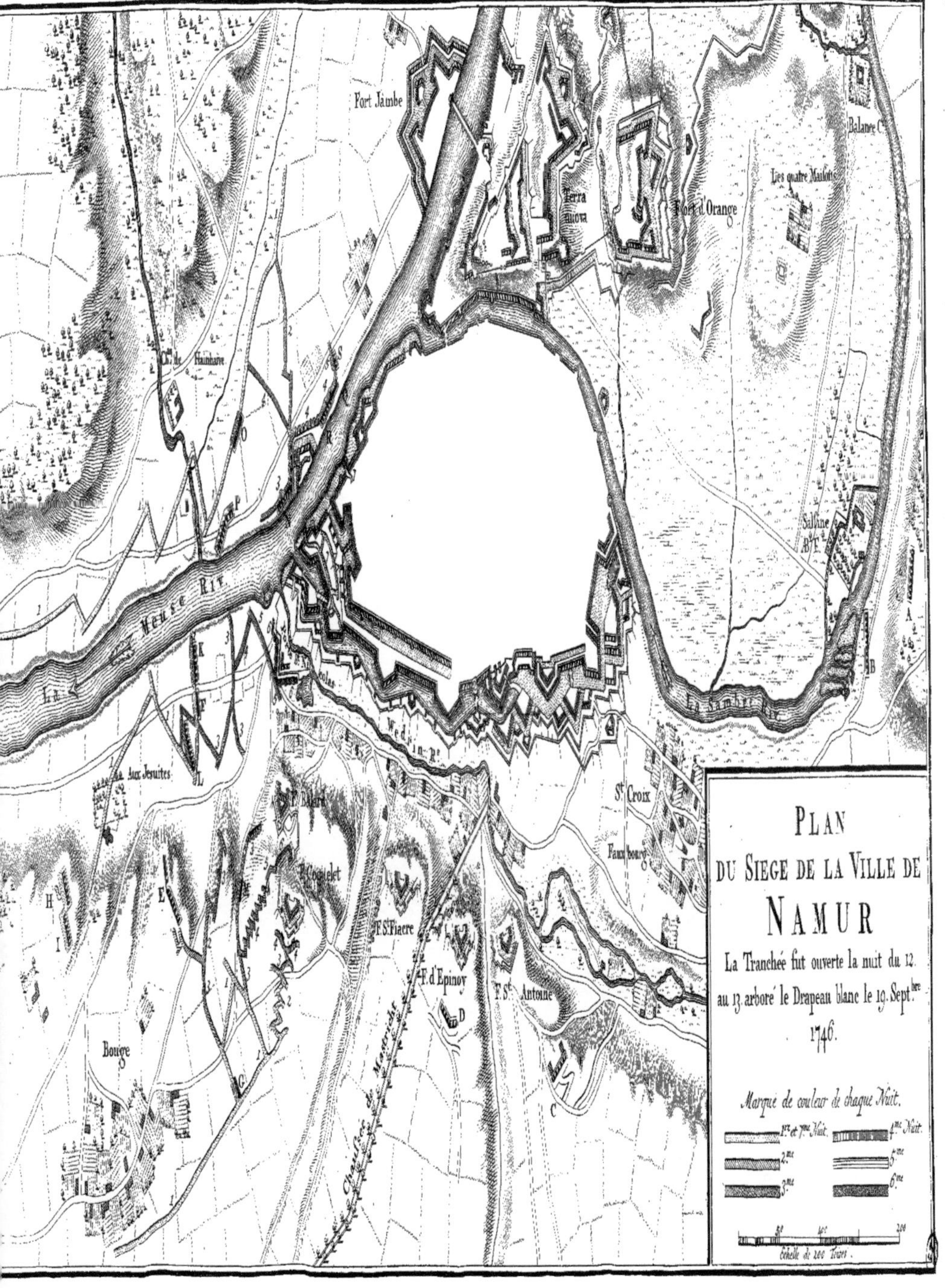


PLAN
DU SIEGE DE LA VILLE DE
NAMUR

La Tranchée fut ouverte la nuit du 12.
au 13. arboré le Drapeau blanc le 19. Sept.bre
1746.

Marque de couleur de chaque Nuit.

# JOURNAL

## DU SIEGE

## DES CHATEAUX DE

## NAMUR.

*Septembre* 1746.

DEpuis le 19 à une heure après-midi que la Garnison de la Ville arbora le Drapeau blanc, il ne se fit aucun acte d'hostilité de part & d'autre jusqu'au même tems du 24. qu'on tira des Châteaux le premier coup de Canon, auquel on répondit de 5 Batteries posées sur la rive gau-che de la *Meuse*, & sur les Fortifi-

H.                           cations

cations de la Ville de ce côté là: favoir *A.* de 4 Piéces fous le Rempart fur le bord de la Riviére; *B.* de 8 Mortiers fur un petit Ouvrage avancé vers la *Meufe*; *C.* de 8 Mortiers au confluent de la *Sambre* & de la *Meufe*; & *D. E.* de 2 & 3 Piéces fur le Rempart, qui frappérent toutes contre le Donjon; & de 6 autres Batteries placées dans les Fortifications du côté de la *Sambre* à gauche en fortant de la Porte de *Bruxelles*, dont deux *G. F.* de 7 & 8 Piéces fur les Flancs du Corps de la Place battoient en bréche le Fort d'*Orange*. *H.* de 8 Mortiers dans la Lunette tiroit fur le même Fort; *I.* de 12. embrafures établies fur la Face droite de la Demilune; & *K.* de 5 Piéces fur le Saillant de fon Chemincouvert, battoient *Terra nuova*, conjointement avec une Batterie *L.* de 12 Mortiers, qui étoit fur la Face droite du Baftion gauche.

La Tranchée fut ouverte la nuit.

## 1. N U I T.

### *Du 24. au 25. Septembre.*

Par deux attaques, dont l'une fur la gauche en avant de l'Abbaye de *Salfine*, & l'autre à la droite du côté du vieux mur vis-à-vis du Fort *Camus*.

### *A l'Attaque de Salfine.*

Mr *d. Firmacon*, Maréchal de Camp.
Une Brigade d'Ingénieurs.

### *Bataillons de Tranchée.*

1<sup>re</sup>. & 3<sup>me</sup>. de *Picardie*, 2

Compagnies auxiliaires de Grena-
   diers                 4
Piquets de Dragons      2
Travailleurs de nuit    1800

On commença par un Boyau de 200 toifes qui, appuyant à la Cenfe de la Balance retourna fur la gauche, à l'extrémité duquel on déboucha par un Zigue-zague qui aboutiffoit à

A 2

un

un vieux Redans, d'où partoit une Paralléle qui laiſſoit à revers un Tenaillon en avant du Fort d'*Orange*, & ſe terminoit à la *Sambre* à peu de diſtance de la Lunette qui eſt ſur cette Riviére ſous les Châteaux.

Nous eûmes à cette attaque

| tués. | bleſſés. |
|---|---|
| 1 | 1 Officier. |
| 4 | 9 Soldats. |

*A l'Attaque du Vieux Mur.*

Mr. *Tanus*, Brigadier,
Une demie-Brigade d'Ingénieurs.

*Bataillon de Tranchée.*

2me. de *Picardie* 1

Compagnies auxiliaires de Grenadiers     3
  Piquet de Dragons     1
  Travailleurs de nuit     1200

En ſuivant le chemin de *Flavine*, on eſt à couvert jusqu'au vieux Mur
de

de la Porte, duquel on fortit par 4.
petits & 2 grands Zigue-zagues a-
boutiſſant à une Paralléle, qui envé-
loppa le Front d'une Place d'armes
avancée, & du Fort *Camus* à la
droite.

Tout le travail de cette nuit eut
à peu près 1100 toiſes, & par ces
diſpoſitions il embraſſa depuis le côté
du Front du Fort *Guillaume*, & alla
jusqu'à la *Sambre*, ce qui nous mit
fort près des Paliſſades.

Le feu fut dans cette partie aſſez
vif.

| tués. | bleſſés. |
|---|---|
|  | 1 Ingénieur. |
| 23 | 42 Soldats. |

## 2. N U I T.

*Du 25. au 26. Septembre.*

*Attaque de Salſine.*

Mr. le Duc *de Chevreuſe*, Maréchal de Camp.

Une Brigade d'Ingénieurs.

H 3

*Ba-*

*Bataillons de Tranchée.*

1er. & 3me. de *Champagne* 2

Compagnies auxiliaires de Grena-
diers 4
Piquets de Dragons 2
Brigades de Sappeurs 3
Travailleurs de nuit 1000

On fit trois débouchés de la grande Paralléle.

Le premier à la droite de 230 toifes pour aller à un Retranchement
qui eft à côté de la Redoute *Quicquid.*

Le deuxiéme au centre pour ou-
vrir une marche de Zigue-zague fur
la gauche du Fort d'*Orange* de trois
branches.

Le troifiéme à la gauche de 260
toifes pour déborder du côté de
*Terra-nuova* une Redoute crenellée
fur la *Sambre*, au milieu duquel on
pouffa un Boyau fous le Fort d'*O-
range* jusqu'au pied de la Montagne
pour donner à l'Artillerie un em-
place-

placement propre à frapper fur les parties baffes de *Terra nuova*.

|  tués. |  bleffés. |
| --- | --- |
|  | 3 Soldats. |

*A l'Attaque du Vieux Mur.*

Mr. *de Fontenay*, Brigadier.
Une demie-Brigade d'Ingénieurs.

*Bataillon de Tranchée.*

2me. de *Champagne* 1

| Compagnies auxiliaires de Grenadiers | 3 |
| --- | --- |
| Piquet de Dragons | 1 |
| Brigade de Sapeurs | 1 |
| Mineurs | 1 |
| Travailleurs de nuit | 300 |

On prolongea la Paralléle à la droite de 70 toifes jusqu'à un ravin où elle appuya, & à la gauche de 12 toifes fur la Redoute *Quicquid*.

Les Affiégés firent un feu bien

<br>

H 4      nourri

nourri dans cette partie, qui nous couta

|  | tués. | bleſſés. |
|  | 8 | 37 Soldats. |

## 3. N U I T.

*Du 26. au 27. Septembre.*

*Attaque de Saſſine.*

Mr *Du Chatelet,* Maréchal de Camp.
Une Brigade d'Ingénieurs.

*Bataillons de Tranchée.*

1er. & 3me. de *Crillon* 2

| Compagnies auxiliaires de Grenadiers |  | 4 |
| Piquets de Dragons |  | 2 |
| Brigades de Sapeurs |  | 3 |
| Travailleurs de nuit |  | 1000 |

On déboucha en quatre endroits différens.

A la droite, le Boyau de la nuit pré-

précédente dirigé pour la jonction de deux Attaques fut prolongé, qu'on eſpéroit d'achever la nuit ſuivante. Ce travail fut d'autant plus difficile, qu'il étoit pris à revers, & plongé par les différens Ouvrages des Châteaux

Au centre on continua par trois Zigue-zagues ſur la pointe du Baſtion du Fort d'*Orange*, & on s'aprocha de la premiére enveloppe à deux toiſes.

Sur la gauche on fit deux branches, dont l'une chemina ſur la communication du Fort d'*Orange*, & l'autre longea la *Sambre*, qu'on abandonna à la pointe du jour, étant trop enfilée par le feu des Châteaux.

On établit trois Batteries à la gauche de la Paralléle, dont l'une *M*. de 7 Piéces battoit en brêche le Baſtion avancé de *Terra-nuova* depuis ce matin; la deuxiéme *N*. de 6 Piéces, & *O*. de 6. Mortiers, tirérent ſur la communication du Fort d'*Orange*.

Pour faciliter la communication à ces deux Batteries, on déboucha un



petit

petit Boyau; mais on fut obligé de le fermer à caufe de l'enfilade des Châteaux.

|  | tués. |  | bleffés. |
|---|---|---|---|
|  |  |  | 1 Ingénieur. |
|  |  |  | 1 Officier. |
|  | 5 |  | 3 Soldats. |

*Attaque du Vieux Mur.*

Mr. *de Pumbecq*, Brigadier.
Une demie-Brigade d'Ingénieurs.

*Bataillon de Tranchée.*

2<sup>me</sup>. de *Crillon*          1

| Compagnies auxiliaires de Grena- | |
|---|---|
| diers | 3 |
| Piquet de Dragons | 1 |
| Brigades de Sapeurs | 3 |
| Travailleurs de nuit | 500 |

Le travail confiftoit fur la droite dans une marche de trois branches de Zigue-zagues fur un des angles du Chemin-couvert.

Sur

Sur la gauche, dans la prolongation de la Paralléle, pour parvenir
à la jonction de deux attaques.

Au centre, dans une sappe debout
fur l'angle faillant d'une Place-d'armes avancée entre les Forts *Camus*
& *Quicquid* : cette sappe, formant
au bout un demi T, étoit à 3 toises
de la Palissade.

Le terrain étant extrêmement
difficile fur tout le front, & n'ayant
presque point de terre, on fut obligé d'employer des facs à terre, &
en conféquence l'ouvrage de cette
nuit resta imparfait.

On acheva trois Batteries *P*. de 4
Pierriers dans la Paralléle vis-à-vis de
la Face droite du Fort *Camus*; *Q* de
6 Mortiers à la droite de la Porte du
Vieux Mur, qui tira fur le Fort
*Camus* & fur une partie du Chemin-
couvert; *R* de 3 Piéces fut placée
à droit & à gauche de la Porte du
Vieux Mur, pour battre le même
Fort.

On commença l'emplacement
d'une Batterie *S* de 6 Mortiers à
gauche de celle des Pierriers.

Les

Les Affiégés firent un feu violent de Mousquets , Bombes & Grenades ; nous eûmes dans les 24 heures

|  | tués. |  | bleffés. |
|---|---|---|---|
| 1 | Ingénieur. | 2 | Officiers. |
| 6 |  | 41 | Soldats. |

## 4. N U I T.

*Du 27. au 28. Septembre.*

*Attaque de Salfine.*

Mr. le Duc *de Chaulnes* , Maréchal de Camp.
Une Brigade d'Ingénieurs.

*Bataillons de Tranchée.*

De *Monaco* 3

| Compagnies auxiliaires de Grenadiers | 4 |
|---|---|
| Piquets de Dragons | 2 |
| Brigades de Sapeurs | 4 |
| Mineurs | 1 |
| Travailleurs de nuit | 1000 |

On

On remédia par 15 traverfes tournantes au Boyau qui avoit été débouché hier à la gauche de la Paralléle, mais on l'abandonna encore
pour la feconde fois à la pointe du
jour; & à l'autre à côté de celui entre le Fort d'*Orange* & *Terra-nuova*,
par 27 traverfes tournantes êxtrême-
ment ferrées les unes fur les autres.

A la droite on fit une marche de
3 Zigue-zagues fortant de la Paralléle fur la Demilune du Fort d'O-
*range*.

On éleva une Batterie *T.* de 8.
Piéces à l'entrée du Boyau qu'on a-
voit pouffé fous le Fort d'*Orange*
entre les 2 Briquetteries.

A l'extrémité des Zigue - zagues
débouchés la nuit derniére fur la
Capitale du Baftion gauche du Fort
d'*Orange*, on attacha le Mineur à 3
toifes de la Paliffade, dont l'ouvrage fut fort lent, parce qu'il ne trouva
que du roc.

Les Ennemis mirent fur la gauche
le feu à quelques barils de poudre,
qui ne blefférent perfonne, mais ils
nous

nous démontérent un Canon qui fut rétabli en peu de tems.

| tués. | bleffés. |
|---|---|
| | 2 Officiers. |
| 1 | 8 Soldats. |

*Attaque du Vieux Mur.*

Mr. *de Salles*, Brigadier.
Une demie-Brigade d'Ingénieurs.

*Bataillons de Tranchée.*

1er. de la *Cour au Chantre*     1

| | |
|---|---|
| Compagnies auxiliaires de Grena-diers | |
| Piquet de Dragons | 3 |
| Brigades de Sapeurs | 1 |
| Mineurs | 3 |
| Travailleurs de nuit | 1 |
| | 500 |

A l'extrémité des Zigue-zagues qu'on déboucha hier à la droite de la Batterie de Pierriers on fit un Boyau à Sappe double, & en Sacs à terre avec un retour longeant la Paliffade.

Sur

Sur la gauche on continua la Paralléle à Sappe pleine jusqu'à communiquer avec le Boyau de l'Attaque de *Salfine*.

On enfonça le Mineur à la tête de la Sappe en demi T. mais il abandonna le travail à caufe du roc.

Les Pierriers & Mortiers établis dans cette partie, rallentirent confidérablement le feu des Affiégés, auffi y perdîmes-nous beaucoup moins de monde que la nuit précédente.

| tués. | bleffés. |
|---|---|
| 1 | 3 Officiers. |
| 1 | 19 Soldats. |

## 5. N U I T.

*Du 28. au 29. Septembre.*

Mr. *de Fiennes*, Maréchal de Camp, Mr. *de Crillon*, Brigadier. Deux Brigades d'Ingénieurs.

*Ba-*

*Bataillons de Tranchée.*

| | |
|---|---|
| 2^me. de *Rohan* | 1 |
| d'*Angoumois* | 1 |
| 2^me. & 3^me. de la *Cour au Chantre* | 2 |

} + Bat.

| | |
|---|---|
| Compagnies auxiliaires de Grenadiers | 18 |
| Piquets de Dragons | 2 |
| Volontaires | 100 |
| Brigades de Sapeurs | 6 |
| Mineurs | 2 |
| Travailleurs de nuit | 1600 |

Le Prince, après avoir épuisé tous les moyens qu'il avoit cru nécessaires pour éviter un coup de main sur le Chemin-couvert du Fort *Camus*, projetta hier d'enlever de vive force ce Chemin-couvert, & en dicta lui-même la disposition, suivant laquelle quatre Compagnies de Grenadiers sur la droite & cent Volontaires qui avoient ordre de prendre les derriéres, parurent en même tems sur le Chemin-couvert, pendant que quatre autres Compagnies à la gauche vinrent assaillir au même instant les

parties

parties du Chemin-couvert qui é-
toient devant elles entre la Redoute
& le Fort *Camus*.

La réſiſtance ne fut vive dans aucun
endroit ; la Redoute ſeule parut
vouloir chicaner, mais elle ne tarda
pas de céder à l'impétuoſité des
Grenadiers, qui pour entrer ſe prê-
toient les épaules les uns aux autres.
On y fit priſonniers 1 Officier &
31 Soldats, & on y trouva 2 Piéces
de Canon.

Pendant que tout ceci ſe paſſoit,
les Ingénieurs, occupés des Logemens, couronnérent une partie du
Chemin - couvert, & le deſcendirent
à la droite pour porter une ligne en
avant d'une maiſon iſolée par 19
traverſes tournantes, qui ſervît de
flanc à cette partie ; & à la gauche
pour porter de-même une ligne qui
paſſât par la gorge de la Redoute
*Quicquid*, & qui, prolongée jusqu'à
un Retranchement abandonné, ſervît auſſi de flanc dans cette partie,
l'aſſurât & pût intercepter la communication au Fort *Camus*.

Tant de travaux dans une même



nuit,

nuit, une marche continuée en 9 Zigue-zagues fur la Capitale de la Demilune du Fort d'*Orange*, & une attaque de l'efpéce de celle qu'on vient de détailler nous coutérent

|  tués. | bleffés |
|:---:|:---:|
| 1 | 8 Officiers. |
| 23 | 51 Soldats. |

On établit une Batterie *U*. de 2 Piéces fur la Porte des Graviers du côté de la *Meufe*, qui battit le Donjon des Châteaux.

Comme on avoit remarqué que les Affiégés faifoient mauvaife garde au Donjon des Châteaux, on réfolut de tenter une efcalade ; mais quelques coups de fufil au moment de l'exécution ayant fait connoître qu'on étoit découvert, on fe retira fans rien entreprendre & fans risquer un feul homme.

## 6. NUIT.

### *Du 29. au 30. Septembre.*

Mr. le Marquis *de Beaufremont*, Maréchal de Camp,

Mr. le Prince *de Monaco*, Brigadier,

Deux Brigades d'Ingénieurs.

  *Bataillons de Tranchée.*

| | |
|---|---|
| du *Cambrefis* | 1 |
| de *la Fére* | 1 |
| du *Nivernois* | 1 |
| d'*Aunix* | 1 |

} 4 Bat.

Compagnies auxiliaires de Grenadiers    7
Piquets de Dragons    3
Brigades de Sapeurs    6
Mineurs    2
Travailleurs de nuit    1500

Le principal Ouvrage de la gauche qui fut exécuté, confiftoit dans l'enlévement de l'Avant - chemin-

 couvert

couvert au - devant de la branche gauche du Fort d'*Orange*. Les Travailleurs ayant peine à se soutenir dans les Sappes contre le feu de l'Ennemi, deux Compagnies de Grenadiers se jettérent dans cet Avant- chemin - couvert, dont elles délogérent les Assiégés, & firent prisonniers 1 Capitaine, 1 Lieutenant, 1 Enseigne & 60 Soldats. Sur le champ le Logement y fut fait, & entiérement perfectionné avant le jour.

On déboucha encore sur la gauche au milieu du Boyau qui tire sur l'Avant-chemin-couvert le long de la *Sambre* jusqu'à son entrée dans la Ville, étant en quelque maniére enfilé de la pointe du Bastion opposé on y mit 12 traverses.

De l'extrémité de cette nouvelle ligne on découvrit une communication des Assiégés. Le travail de la droite ne fut pas moins heureux.

Le Fort *Camus* arbora le Drapeau, & se rendit hier vers les quatre heures du soir; on y trouva 6 hommes, qui furent faits prisonniers; le surplus
s'étoit

s'étoit retiré dans les Châteaux. Maîtres de ce Poste, on commença à la gauche une communication sous la gorge de ce Fort jusqu'aux Zigue-zagues sur la Capitale de la Démilune du Fort d'*Orange*.

A la droite, en sortant de la tête des traverses tournantes, on poussa une autre ligne de communication débordant l'angle saillant de la petite *Cassotte*.

On travailla à l'établissement de deux Batteries *V. W.* de 3 Mortiers chacune à l'extrémité de ces communications, pour tirer dans les Redoutes *Cassotte* & *petite Cassotte*.

Deux Batteries placées sur le Rempart du côté de la *Sambre*, l'une X. de 3 Piéces, & l'autre *Y.* de 7 Mortiers, tirérent depuis ce matin sur le Front de l'Attaque de *Terranuova*.

Nous eûmes dans ces 24 heures

| tués. | blessés. |
|---|---|
| 17 | 29 Soldats. |

Sur les 6 heures du soir le Com-
I 3
mandant

mandant arbora le Drapeau blanc, la Capitulation fut signée le lendemain, & la Garnison resta prisonniére de guerre.

*Récapitulation du nombre des Tués & Blessés.*

| Du 24 au 25 Sept. | 28 | 53 |
|---|---|---|
| 26 | 8 | 40 |
| 27 | 12 | 48 |
| 28 | 3 | 32 |
| 29 | 24 | 59 |
| 30 | 17 | 29 |
| 92 tués. | | 261 blessés. |

Etat

## Etat des Bouches à feu.

### Canons.

*A* une Batt. de 4 Piéces de 16 liv tira
le 24. Sept.

| | | | |
|---|---|---|---|
| D | ——— | 3 | 24 |
| E | ——— | 2 | 24 |
| F | ——— | 8 | 24 |
| G | ——— | 7 | 24 |
| I | ——— | 12 | 24 |
| K | ——— | 5 | 16 |
| M | ——— | 7 | 24 27 |
| N | ——— | 6 | 24 |
| R | ——— | 3 | 16 |
| T | ——— | 8 | 24 28 |
| U | ——— | 2 | 24 29 |
| X | ——— | 3 | 16 30 |

70 Canons.

Mor-

## Mortiers.

*B* une Batt. de 8 Mort. de 6 pouces , tira le 24. Sept.

| | | |
|---|---|---|
| *C* | 8 | 6 |
| *H* | 8 | 12 |
| *L* | 12 | 12 |
| *O* | 6 | 6 |
| *Q* | 6 | 6 | 27 |
| *S* | 6 | 6 | 28 |
| *V* | 3 | 6 | 30 |
| *W* | 3 | 6 |
| *Y* | 7 | 6 |

| | |
|---|---|
| | 67 Mortiers. |
| *P* | 4 Pierriers | 27 |
| | 70 Canons |

141 Bouches à feu , toutes allumées.

## F I N.

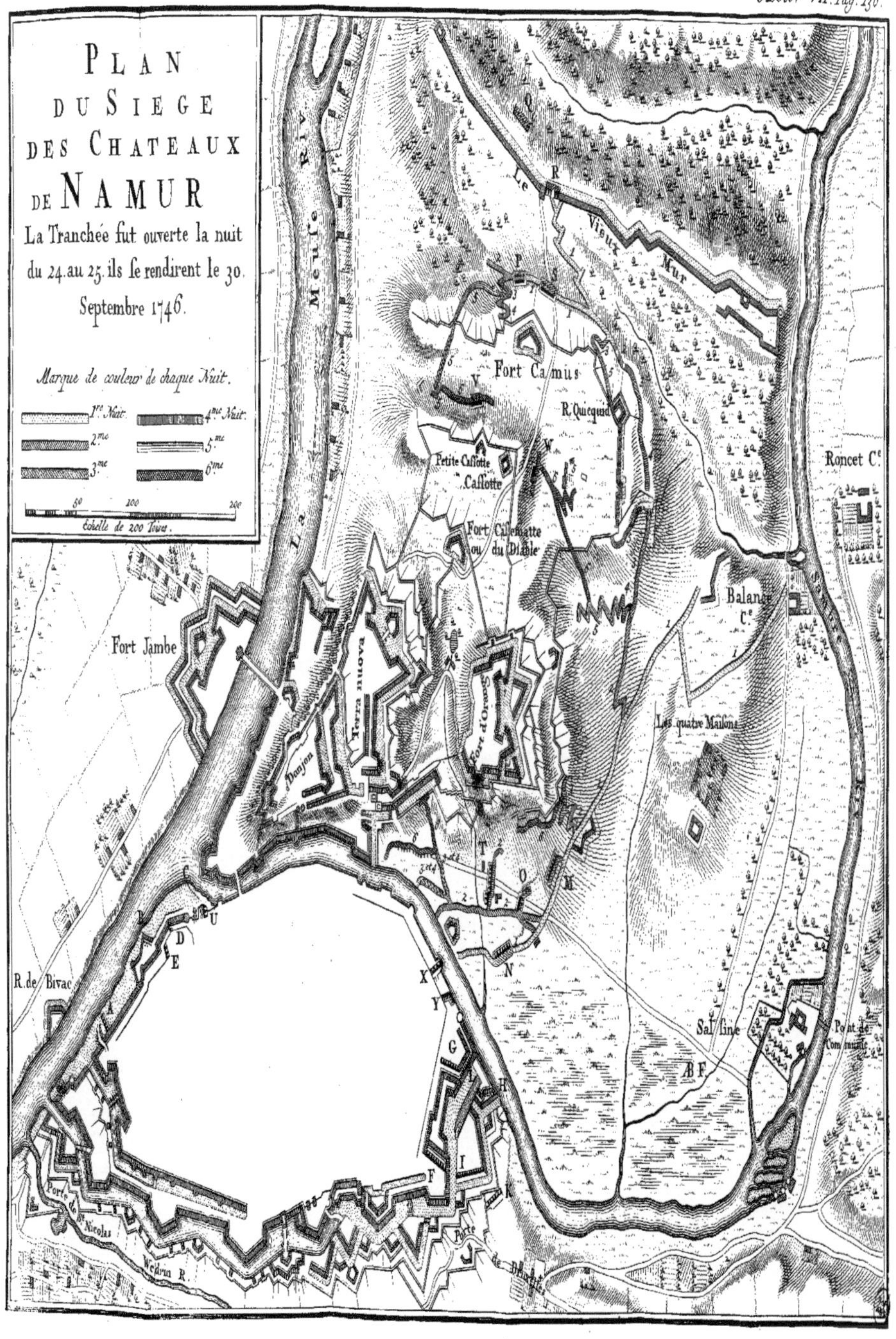

PLAN VII. Pag. 136.
PLAN DU SIEGE DES CHATEAUX DE NAMUR
La Tranchée fut ouverte la nuit du 24. au 25. ils se rendirent le 30. Septembre 1746.
Marque de couleur de chaque Nuit.
1re Nuit.
2me.
3me.
4me Nuit.
5me.
6me.
50
100
200
Echelle de 200 Toises.
La Meuse
La Sambre
Le Vieux Mur
Fort Camus
R. Quiequid
Roncet C.
Petite Cassotte
Cassotte
Fort Cillemate ou du Diable
Balance C.
Fort Jambe
Donjon
Terra Nova
Fort d'Orange
Les quatre Maisons
R. de Bivac
Sal line
Porte de St. Nicolas
Medrin R.
Porte de Diable
Pont de Communication